一行禪師
Thich Nhat Hanh

與孩子一起做的正念練習：
灌溉生命的智慧種子
Planting Seeds
Practicing Mindfulness with Children

隨書附贈練習音樂CD

一行禪師（Thich Nhat Hanh）& 梅村社群（Plum Village Community）◎著
維茲克・華理臣（Wietske Vriezen）◎插圖
珠嚴法師 Sr. Jewel（Chan Chau Nghiem）◎彙編
陳潔華◎譯

注意

本書旨在幫助成年人、兒童和各種類型的家庭，適用於所有不同身體和精神狀態的人，包括有移動、視覺和聽力限制的人。請將指導語按照孩子的需求做適當的修改。比如，書中說到「步行」的時候，你可以改成「移動」；說到「站立」的時候，你可以說「挺直」；提及「接觸大地」的時候，你可以說「延伸到地面」。書中提到「我感覺整個身體沉入大地」時，你可以說「我感覺到整個身體接觸大地」或者「因為地球的引力，我感覺到和大地的連接」，或是「透過雙腿、透過我的輪椅」等。

更多信息和其他練習，請參閱本書相關網站：www.plantingseedsbook.org

願此書能夠幫助您和孩子們，
在生活的花園中播撒正念的種子；
也願您和家人、學校、社群，
能夠收穫平和、滿足、和睦團結。

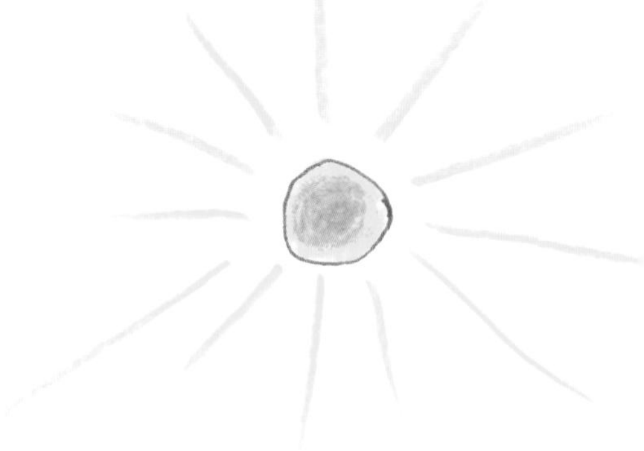

目錄

【推薦序1】

台灣的教育多了正念，就會更圓滿！

正念教育作家　張世傑

曾在香港一睹一行禪師的風采，他可以說是正念的祖師之一，曾經拜讀過他的正念書籍，也看了他的《正念的奇蹟》紀錄片，受益匪淺。因爲正念的實修把我從人生的谷底拉上來，於是推動正念心靈教育變成我人生的志業，雖然人微言輕也沒有足夠資源，但是一路跟隨內心的動能，在台灣出版正念教育書籍、拍正念教育紀錄片、辦全國正念教師工作坊、線上覺察團練、正念歌曲演唱會和成立正念覺察自學團，一路邊玩邊推動正念心靈教育，覺得很開心也很有意義。心靈教育是我們教育中最根本的一環，但卻沒有被好好重視，於是各種教育亂象層出不窮，而這本書正可以點出教育的核心，讓我們重新省思教育的根本。

書中提到教育系統只關注在成績上的相互競爭，很少重視學習社交技巧和情緒控制，而正念教育就是幫助孩子培養各種技巧，來增加自身的平和，乃至增加周圍世界的平和——我也是同樣的想法。台灣的教育從六年、九年國教的「智性教育」（教育1.0），進步到十二年國教的「適性教育」（教育2.0），期待下一波深層的「覺性教育」（教育3.0）可以到來，我稱之爲心靈翻轉教育，相信每一個小孩的光明潛能，幫小孩找到他們的「內在老師」，那麼他們就可以面對人生的各種挑戰，發現生命本來的幸福，找到生命的意義，勇敢自我實現，這才是學校教育的根本。

正念就是活在當下的人生態度，並有生活化的練習方法，父母老師很需要，小孩更需要，多年來常在正念中心帶領正念親子工作坊，累積一些好評後，有點自我感覺良好，但是看完這本書後，才覺得「一山還比一山高」，值得向大家好好推薦。正念的基本精神就如書中所提的「先照顧好自己」，這並非是自私，這世上最需要被照顧的是自己，其他的人會因爲我們照顧好自己後而自然獲益，所以照顧好自己是最偉大的任務，書中有提到很多自我安頓的方法，像正念鐘聲、暫停、深度放鬆歌曲、呼吸室、鵝卵石禪、緩慢行走、五感的覺察練習……等，各種充滿創意和深度的自我覺察活動，如果我們的小孩從小就練習，並將之當作是主科來要求，相信小孩會培養出自我安頓的能力，消極上預防各種自傷傷人的事件，積極上讓他們發現心靈的終極幸福。

找到自我覺察的幸福後，更進一步將這個幸福與人連結，書中的聆聽別人、擁抱禪、重新開始、愛的眞言等活動是和別人進行愛的交流。與大自然的連結活動更是精采，尤其和樹互動的部分我最喜歡，老師和家長帶小孩到戶外時很適合用這些活動來帶領。另外小孩和一行禪師的對談也很有趣，小孩非常純眞，禪師的回答很有禪趣，還有一些老師分享帶領正念時遇到的問題及實用的對治方法，書中最讓我佩服的是善用多元的正念體驗活動和歌曲，這些活潑的方式將會讓小孩更享受與領受。

當我們教育現場出現越來越多的問題，而且沒有隨著教改而改變多少時，相信正念教育會帶領我們從心找到答案，發現心靈的喜悅能量，教育要進步，不只是制度要轉變，更要從心靈轉化，從當下開始，期待下一波的正念寧靜革命爲我們翻轉幸福。

【推薦序2】

此刻，正念鐘聲響起！

林麗玲
正念教養專家、兒少專業工作者
MBPS正念親職教養系統創建者

噹！噹！噹！

正念是什麼？

正念，不是一味要求正確或正面，正念的正，是正在發生的意思。

正念，是專注覺察，是身心合一，是不馬上評價，給自己一個覺察的空間，以便做出慈愛和智慧的回應。

正念，幫我們打開一個澄明的視角，看見自己，也看見他人（孩子），慈愛自己，也慈愛他人（孩子）。

練習正念有什麼好處？

眾多科學研究已證實，正念對人們的益處：減低壓力與焦慮，提升專注力與覺察，增強學習力，改善睡眠品質，增加身心健康，與情緒相處和調適能力，改善溝通與增進人我關係，提升幸福感。

接到寫序的邀請，我正在大陸進行爲期二十多天從兒童、青少年及父母、親子家庭的一系列正念成長營。

這是很特別的共時性，我正在做的與書中想傳達的有著相同的精神和方向。每個人都可以是自己的心理學家，每個人內在都蘊藏著正念種子，只需適當的陽光、空氣、水，加上適當的園丁，種子自然成長茁壯。

在兒童及青少年營中，孩子一起學習當自己的正念園丁，透過覺察自己坐著、站著、躺著及運動遊戲中的呼吸，與自己呼吸成爲好朋友；透過各種鑲嵌在活動、走路、吃飯、洗碗、床務等生活中的各式正念練習，深深體驗正念帶給自己的好處與喜悅；在正念表達性藝療、正念心理劇和遊戲療癒活動中，一起體驗、反思與看見自己的影響力和人與人的相互影響，也就是本書提到萬物相連相繫的概念。

一行禪師說：「你無法向他人傳播智慧和見地。這種子早就在那裡。好的老師觸動這些種子，讓它們覺醒、發芽、成長。」是的，我們只是全心全意的提供每個孩子安全、自在與被看見的充滿慈愛的氛圍，讓孩子在營隊中安心嘗試，學習成爲自己的生活主人。碰到挫折時，安心自在的覺察與反思對挫折的各式想法，並展開更廣闊的看見，因應變化，調節並接受改變是生活的一部分。

我們只是真實的在陪伴孩子，就在營中展開滋養自己的正念雙翅——時刻不帶評價的覺察與智慧、慈愛的回應。把學習轉化到自己的生活中，對自己包容接納並激勵自己，也學習定出切合實際的目標，進而勇敢行動，爲自己負責。

在家庭中「好的老師」是誰呢？當然就是父母（主要照顧者）嘍！

父母和老師一樣都在做滋養人的工作。每個人都是一座花園，也是自己這座花園的園丁，一座乾枯雜草叢生的花園，是需要園丁花時間整理、灌溉及養育的。當自己這座花園沒有愛、歡笑與生命力，也很難去滋養另一座花園。所以父母與老師花時間培養自身的正念，學習平和的與眞實的自己同在，用正念滋養自己，也允許和自己強烈的情緒在一起，覺察傾聽它，給予它智慧和慈愛的回應，是非常重要的。

這也是我創建正念親職教養系統（MBPS）的初心，希望陪伴許多父母（老師）從自身練習正念，保持覺察並能展開穩定溫和的「智慧慈愛」教養，而非急躁、焦慮、控制、指責、溺愛、忽略……的「暴力」教養。在教養的路上，共同學習不需要成爲「完美」，只需要有夠好的外在支持力量，能滋養孩子處理壓力和管理困難的內在力量，這更是一行禪師和梅村一直在做的事。

很多父母心中最大的遺憾是：孩子成長得太快，還來不及參與，就已經無法參與！等能空出時間，卻已不知道該怎樣和孩子相處，孩子成了最熟悉的陌生人……，時光無法倒流，眞的只能把握當下。在多年的正念兒少與親子臨床工作中，我發現有很多父母其實非常希望和子女共學正念，本書也提到如果我們不能跟孩子們在一起修習正念，那就缺了點什麼。一旦讓孩子們參與練習，父母也會覺得開心。

呼應本書的重要概念，我們在正念親子營，提供爸爸媽媽放下工作、家務、電視、電腦、手機……的干擾，全心全意「專心」地與孩子相處的機會。在親子營的時光裡，如同書中的梅村，我們透過各式輕鬆有趣的正念練習與親子遊戲，一起親子互動、親子協作加上親子心理劇，大人與孩子同步學習正念生活、解決問題、面對挫折、感恩與欣賞。共同學習、經歷、分享、實踐練習放下批判、保持單純，眞實看見彼此，用正念與情緒做朋友，練習深深諦聽與說愛語。共同學習成爲自己夠好的園丁，滋養內心的正念花園。一起用正念滋養幸福親子及夫妻共同教養的關鍵時刻。這樣的關係連結，讓內心有安定、有補給能量的滋養站，是每個家人在外面打拼面對挫折時，最佳復原力的溫床！

一系列的正念成長營，無論大人小孩，我們每個人從練習覺察呼吸開始，再展開覺察自己、他人、環境的相互關係，不管是靜的、動的，無論是站著、坐著、躺著，遊戲與生活中每個日常活動都可以成爲我們的正念練習場。事實證明，每個人若能充分覺察周遭所發生的事，在不同的環境中就具有自我調整與調節的能力。所以，在家庭和教室中，碰到生活、學習或人際上挫折時，若能提供如營中充滿支持與慈愛的氛圍，就會爲家人、孩子提供可以安心覺察、自在反思的環境，就能孕育願意嘗試各種可能性及再次行動的能量。因爲，不管大人小孩，當人感受到自己能眞實自在的做自己，成長、轉化與改變就會出現！

如果你因著各種原因，無法親臨經驗與孩子一起修習正念的活動，本書有著豐厚的智慧和資源，細膩又仔細，搭配著美妙又深意的歌曲，圖文並茂地像和風，像清流，也似一座安穩的山，溫柔與堅定地訴說著其中的奧妙與方法。

此刻，正念鐘聲響起——

親愛的園丁，讓我們隨著書練習，帶著愛、歡笑、生命力，滋養自己、孩子及與所有人事物的關係，讓屬於你和孩子獨特的正念花園繁花盛開！

練習索引

正念飲食

集體遊戲

動用所有感覺

與自然聯繫

告別

培養幸福

擁抱我們的情緒

前言

我們教孩子的所有東西中，正念生活至關重要。然而，爲了趕課程計劃和應付監督孩子的任務，正念生活常常受到忽視。一行禪師教導我們關注師生關係中更深厚的潛質。他的教導建立在人類的兩大基本需求上：愛和理解。有人說，在教室裡老師就是無言的教程。我們學校和社會的轉化，都始於我們自己透過練習培養正念意識而得到的轉化。

——阿黛爾．卡莫雷爾（Adele Caemmerer）

一行禪師印度教師禪修營　二〇〇八年

正念越來越被視爲不可或缺的教育工具。正念教育可以培養注意力，培養對情緒和認知的理解，培養身體的覺知和協調，以及人際交往中的意識和技巧。最重要的是，正念教育可以減輕壓力、焦慮和敵意，從而提高我們整體的身心健康，使我們更加平和、自信和喜悅。通常，我們的教育系統只關注成績上相互競爭，很少重視學習社交技巧和情緒控制。學校當然必須幫助孩子掌握所需的重要學術技能；但是幫助孩子掌握穩定情緒的技巧、與人相處時學會容忍，也十分重要。正念教育就是幫助孩子發展各種技巧，來增進自身的平和，乃至增進其周圍世界平和的有力工具。

數年前，位於印度德拉敦的韋爾哈姆女子中學（Welham Girls' School）的校長，建議我跟學生們分享一些正念練習，以幫助他們減少在考試時的壓力。我發現簡單的正念呼吸和走路練習就可以幫助學生平靜下來，減少焦慮。同時，由於接到位於德里的美國大使館學校總監的邀請，我為老師們開設了一個為期十週的正念課程。這些老師至今仍每週聚會一次。雖然他們非常忙碌，但是他們還是優先安排正念聚會。因為他們覺得正念練習對於自己和學生的身心健康不可或缺。有超過三十年教學經驗的美國大使館學校老師謝麗爾・帕金斯（Cheryl Perkins）最近說：「我這輩子還沒有用過什麼像正念鐘聲一樣的東西，能使我教室裡的年輕學生那樣平靜下來。」

我從一九八九年開始，每年暑假都會去梅村參加一行禪師舉行的家庭禪修營。在禪修營中，不同年紀的人一起練習覺知，覺知他們自己是誰、在感受什麼、思考什麼、講什麼和做什麼，也覺知他們內在和周圍在發生什麼。數十年來，梅村社群和孩子們一起練習，這本書和CD就是這些練習發展與創新的成果。一行禪師與僧尼和在家的練習者一起，提供了洞見、故事和具體的練習。家庭、老師和任何在工作上需要與孩子們一起的人都可以從中獲益。這些效果顯著的課程可以在家中、學校或者當地社群中運用，不僅意義非凡，而且廣受孩子們歡迎。

這本書可供成人使用，以及與孩子們分享。書中幫助我們自己練習正念，這樣我們就可以根據自身經驗來教導他人。如果我們在家庭、社群中和孩子們一起練習時使用本書提供的方法，那麼不論孩子還是成人都會從中受益，獲得平靜、加深溝通、充滿喜悅。社群中的每個人都會影響他人。如果學校或社群裡都有練習正念的小組，平和的能量將會無所不在。人與人之間、人與自然之間相互聯繫、相互支持的感覺就會不斷發展。在這種整體且療癒的氛圍中，每個孩子都可以坦誠地、喜樂地發展自己獨特的才能。

——佛法導師賽斯（Shantum Seth）

印度德里　二〇一〇年

1 正念如何有所幫助

你無法向他人傳播智慧和見地。這種子早就在那裡。好的老師觸動這些種子，讓它們覺醒、發芽、成長。

——一行禪師

正念幫助我們認識當下發生什麼事情。當我們正念吸氣時，我們覺察到自己正在吸氣。這就是正念呼吸。當我們享受飲茶，並在飲茶時全然覺知當下，那麼這就是正念飲茶。當我們走路，並覺知自己踏出的每一步，這就是正念走路。練習正念並不要求我們去其他什麼地方。在自己的房間，或者在從一個地方去另一個地方的路上，我們都可以練習正念。我們還可以做以往我們平時在做的同一類事情，例如：走路、坐臥、工作、飲食以及交談——只是現在我們做這些事情的時候，我們會去覺知自己正在做什麼。

正念是一種我們可以爲自己創造的能量。我們都可以正念吸氣，正念呼氣。我們都可以正念行走。每一個人都有正念的能力，因此正念並不是什麼奇怪的東西。我們都本有正念的種子。只要我們持續練習，這種子就會茁壯成長。任何時候當我們需要時，正念的能量就會生起。

正念練習能提高我們的學習品質，也能改善我們的生活質量。它可以幫助我們處理自身的痛苦，帶來平靜、理解以及慈悲。同時，它還可以幫助我們改善或恢復溝通，帶來和解，使我們能體驗生命的喜悅。透過閱讀和討論來瞭解正念固然重要，但實實在在的練習也很要緊。

看著美麗的落日，如果你有正念，那麼你就可以深刻地感受落日。但如果你心不集中，因其他事情分心——倘若你追憶往昔，或者考慮未來，又或者正操心你的計劃——那麼你就不是真的在看落日，也就無法欣賞落日的美麗。正念使我們可以完全活在當下，活在此時此刻。這樣我們就能享受生命的種種奇蹟，而這些生命的奇蹟可以療癒我們、轉化我們和滋養我們。

停下來

根據佛陀的教導，正念是幸福和喜悅的源頭。我們每個人都有正念的種子，但是我們常常忘記灌溉它。如果我們瞭解如何回到自己的呼吸、自己的腳步，那麼我們就可以觸及寧靜喜悅的種子，使其顯現出來，帶給我們喜悅。我們不再是依賴抽象概念上的神、佛或阿拉。我們會發現，可以在自己的呼吸和步伐中感受到神、佛或阿拉。

這聽起來很容易，每個人都可以做到，但需要一定的訓練。「停下來」的練習至關重要。我們如何才能停下來呢？透過覺知自己的吸氣、呼氣和步伐，我們就可以停下來。所以，我們的基本練習就是正念呼吸和正念走路。

要是我們想要充分享受生命的恩賜，那麼我們必須整天練習正念。無論是在洗澡、給孩子做早飯、開車上班，或是在教室裡給孩子們上課。每個步伐、每個呼吸都可以成爲我們獲得喜悅和幸福的機會。生命充滿各種困難。如果我們沒有儲備足夠多的喜悅，那麼我們就無法照顧自己絕望的情緒。而有了正念，我們就可以保護自己內在的喜悅，更妥善的應對生活中的挑戰。我們可以爲自己創造自由、空間和愛的基礎。

變得清澈

我在創辦梅村之前，住在距離巴黎一個半小時車程的靜修處。這家靜修處座落在樹林環繞的山丘上。有一天，來了一家人，他們是越南難民。父親正在巴黎找工作，他請我幫忙照顧五歲的女兒。他的女兒叫做水（Thuy）。

水和另一個孩子與我住在一起。我們說好到了晚上打坐的時候，他們就去睡覺，不再聊天或者玩耍。在我穿上僧袍、點燃一支香，準備打坐的時候，她們非常安靜。

某日，水和其他一些女孩在我的靜修處附近玩耍，她們回來要水喝。正好鄰居給了我一些有機蘋果汁。我就給每個女孩倒了一杯。最後的那些蘋果汁給了水。水不太願意喝，因爲裡面有很多蘋果渣。她把蘋果汁放在桌上，又出去玩了。大概一個小時後，她非常渴，又回來找水喝。我指著桌上她的那杯蘋果汁說，「你爲什麼不喝這個呢？可好喝了。」她看著蘋果汁，發現蘋果汁現在變得十分清澈。因爲經過一小時左右，果渣已經完全沉到了杯底。水很高興地喝了這杯蘋果汁。

接著，她問我爲什麼蘋果汁會變得清澈。我回答說，因爲它練習了一個小時打坐。她明白了！因爲我們把杯子放在那兒一小時，它一動也不動，就變得清澈了。她說：「我終於知道你爲什麼要練習打坐了——你想變得清澈。」我說，「是的，你已經瞭解打坐的意義了。如果你知道如何坐下來，如何把自己的身體安置在穩定的位置，如何處理自己的吸氣和呼氣，那麼用不了多久，你就會變得平和、清澈。」這就是爲什麼我們每天都要練習打坐。我們模仿杯子裡的蘋果汁，或者是蘋果汁在模仿我們吧！

瓶子裡的頭腦①

材料：小鐘、一瓶清水、攪拌棒、不同顏色的沙粒，或者不同種類、可以緩慢沉入水中的豆子和整顆的穀粒，例如大米、小米、燕麥碎粒。

（請自己先試驗一下，因爲有些豆子或者穀物會漂浮在水上，而不沉澱到水底。比如乾芝麻就會漂浮在水上；但如果經過整晚的浸泡，芝麻也會沉到水底。）

建議的引導詞以黑體標出；孩子們給予的答案在括號裡。

拿出一個大型的透明瓶子，其中裝滿清水，放到圍成一圈的孩子當中。再準備一些裝有彩色沙粒的容器。

這瓶水就是我們的頭腦，這些不同顏色的沙粒是我們的思想和感受。早上醒來的時候，你有什麼樣的念頭呢？

（期待見到學校裡的朋友們，多睡一會兒，餓了。）

選擇一種能代表你的感受或想法的彩色沙粒，然後抓一把，撒到瓶子中。

讓另一個孩子開始攪拌清水，這樣沙粒就開始在瓶子裡旋轉。

那麼，當你去上學的時候又有什麼念頭？下午呢？晚上睡覺前呢？孩子們可能會分享這一天中的感受，包括快樂、悲傷、煩擾、憤怒、平和以及睏倦。每種不同的感受，都可以讓他們繼續在彩色的、旋轉的水中加入沙粒。

攪拌水的孩子可以把沙粒攪拌得更快。**當我們著急、有壓力、憤怒或者煩惱時，我們的思**

編按：○為原註；●為譯註。

①本節改編自凱莉．李．麥克萊恩（Kerry Lee MacLean）的《平和的小豬禪修》（*Peaceful Piggy Meditation*, Park Ridge：Albert Whitman & Co.，二〇〇四年）一書中的原創練習。

想就和快速轉動的水一樣。這種狀態下，我們能看清事物本來的樣子嗎？這種狀態舒服嗎？請舉例說明什麼情況下你會有這樣的感覺呢？

（媽媽大聲吼我的時候，我害怕的時候，我和兄弟打架的時候。）

現在，請一下鐘聲，示意孩子停止攪拌。讓我們隨著鐘聲呼吸，觀察所有的沙粒慢慢沉入瓶子底部。孩子們往往會覺得很放鬆。

這就是我們禪修時，當我們覺知自己的身體和呼吸的時候，我們的頭腦所發生的改變。現在，水發生了什麼變化？

（它變得清澈，變得寧靜。）

各種思想和感受可能還在我們的頭腦中，但已經在心靈深處靜止下來，因為我們知道如何透過回歸呼吸來使它們平靜。

我們還可以選擇攪動頭腦中的一些感受和念頭。有時候，我們可以深入審視自己不愉快的念頭和感受，以便更好地瞭解它們。或者，我們也可以回憶那些使我們快樂的念頭，比如善良、慈悲和寬恕。覺知自己的思想十分重要，唯有如此，我們才可以引導這些想法朝我們想要的方向發展，而不是被它們引導。

正念是覺知和警醒。對我來說，正念就是你深入體察他人的感受。給好的種子澆水很重要，這樣人們才能培養和發展出良好的素質，成為更好的人。

RIYAAZ，十一歲／德里・美國大使館學校

和孩子一起練習正念的好處②

老師常常要求學生「集中注意力」，但他們可能沒有教過學生如何做到。正念練習可以幫助學生集中注意力。這種集中注意力的方法，不僅有益於學生的功課，也同樣有益於社交情感學習。

正念是對應壓力的有效方法，並加強稱爲「執行功能」的認知過程，也就是任務組織、時間管理、優先處理和做決定等各種能力。孩子們（包括那些患有與壓力相關疾病的孩子）都可以從學習集中注意力中獲益，從而變得不易受到刺激，並且對自己和他人更慈悲。

② 本節改編自艾米・薩爾茨曼博士（(Dr. Amy Saltzman）的《正念——教師指導書》(*Mindfulness—A Guide for Teachers*)，以及美國公共電視網（PBS）二〇一〇年七月七日播出的《教師指導：佛》(*Teachers Guide | The Buddha*)（www.pbs.org/thebuddha/teachers-guide）

正念的孩子 ③

- 更容易集中與專注
- 感到更加平和
- 感到壓力和焦慮減少
- 體驗到衝動控制有所改善
- 更加自覺
- 找到更善巧的方法去對應困難的情緒
- 更有同情心及更能夠理解他人
- 擁有更自如去解決衝突的技巧

正念的老師 ④

- 覺知自我且與學生更和諧地相處
- 體恤學生的需要
- 維持情緒穩定
- 培養良好的學習團體，使學生在課業、情緒和社交三方面受益
- 專業和人格都發展良好
- 懂得如何應對並減少壓力
- 在工作中和家庭中保持健康的關係

③ 摘自「接受正念學校指導的教師和學生」（Teachers and Students Who Have Received Mindful Schools Instruction），《正念學校：透過正念來教導孩子們覺知自己的情緒、有同情心和覺知自身的念頭和行為》（*Mindful Schools:Using Mindfulness to Teach Children to Be Emotionally Aware,Empatheic,and mindful of Their Thoughts and Actions.*），二〇一〇年八月九日。www.mindfulschools.org）

④ 摘自德博拉．舍貝爾林（Deborah Schoeberlein）《正念教育和教導正念》（*Mindful Teaching and Teaching Mindfulness*，二〇〇九年）。

2 在梅村和孩子們一起練習

我非常期待年輕人去學習那些學校裡沒有教的東西，比如學習正念呼吸、學習正念行走，學習如何深入觀察，學習如何照顧自己的憤怒情緒。

——一行禪師

每年夏天，數以百計的年輕人來到位於法國西南部的梅村禪修中心參加家庭禪修營。通常有多達五十個不同國籍的人士參加。孩子們講英語、法語、德語、西班牙語和希伯來語，還有其他一些語言。他們一起過得很開心。我喜歡和孩子們一起走路，他們也總和我一起行禪。我們一起去爬山，我們一起林中散步，我們很享受這種共處。行禪到一半的時候，我們會坐下來，靜靜欣賞美麗的夏日。孩子們在我身邊，非常安靜，非常喜悅，這使我十分快樂。行禪是我最喜歡的事情，特別是和孩子們一起的時候。

特別神奇的是孩子們，哪怕是非常小的孩子，也很享受安靜。這不是那種被迫的安靜，而是能打動人心、很有力量的安靜。在梅村，我們稱之爲「聖默然」（Noble Silence），因爲這樣的時刻有療癒、滋養的作用，能帶給我們平和。孩子們懂得如何安靜地正念走路、正念呼吸並享受呼吸。我們在一起創造了平和喜悅的能量。沒有一個人想看電視或者玩電子遊戲，我們活得很好！

如果孩子們喜歡梅村，那並不是因爲我們善於組織管理。在梅村，我們可不會組織管理！孩子們喜歡梅村是因爲學習了正念走路、正念坐禪和正念呼吸的練習。我們一起創造了平和、喜悅、正念的能量，這能量十分強大。在梅村，讓孩子們受益最多的不是佛法開示或者其他形式的教導，而是和整個團體一起創造的平靜與平和。

分享

全家一起練習

——菊嚴法師（Sister Cuc Nghiem）和英嚴法師（Sister Anh Nghiem），於法國梅村

來參加家庭禪修營的家庭可以全家一起學習和練習。雖然我們歡迎孩子們參加任何活動，但是只要他們喜歡也可以去戶外玩耍。一天中，我們做一切事情的本身就是禪修了。我們提供很多正念工具幫助成人和孩子停下來，回到當下。在我們的禪修中心，一天當中會聽到很多次鐘聲。每次聽到正念鐘聲，我們就全都停下來，停止走動、停止工作、停止交談，甚至孩子們也都學習停止跑跳和玩耍。每個人都回到自己的呼吸，透過呼吸使得身心合一，活在當下。

一旦家長停下來，孩子們也就停下來了。整個村莊都停了下來了。想像一下，五、六百人全停下來，專注於呼吸，放鬆身心。因為每個人都在做同樣的事情，所以孩子們都受到這種共修的力量影響。當這種時刻每天都頻繁發生的時候，練習本身也就成為了我們呼吸的空氣，成為我們的生活方式。在梅村，並沒有分別是成人練習或兒童練習，每個人的功課本質上都一樣。透過在禪修營中一起學習和培養正念，很多家庭嘗試把這些練習帶回家，在日常生活中實踐。

灌溉美善的種子

孩子們不僅需要靈性學習和靈性成長，且在這方面，孩子們也有很好的潛能。如果可以把靈性練習簡單而直接地傳授給他們，孩子們就可以充滿樂趣和受益無窮地體驗靈性學習了。「兒童活動」使孩子們聚集一堂，創造歸屬感和團體感。在這裡他們可以體驗到一種充滿了慈悲和歡喜的獨特氛圍，這是學校往往無法提供的。

有時候，人們會把孩子交給我們，好像在說：「請，修理修理他們吧！」可是，並沒有修理孩子這回事啊！我們只是提供空間給他們，讓他們成為自己想成為的。我們會分享一些練習。但是，比什麼都重要的是，我們讓他們做自己。如果他們覺得禪修營無聊，他們會練習「吸入，好無聊；呼出，無聊也沒什麼大不了。」我們給他們空間，感受和接受自己當下的感覺。

「兒童活動」是要充滿正念、慈悲和智慧地照顧孩子們，和孩子們分享，與孩子們相處。

兒童的房間

平和的房間：在禪修營中設置兒童的空間

我們是否喜歡一個地方，很大程度上取決於這個地方帶給我們的能量。有的房間裝飾精美，卻感覺冷淡，且不友善。也有的房間可能缺少顏色和傢具，卻感覺簡約，有空間感，很舒服。我們一起就創造了這樣的氣氛。兒童的房間應該感覺像是孩子和與孩子一起工作的人的庇護所。每個孩子都可以無拘無束地去那裡，哪怕不是在活動時間。兒童房間可以提供藝術、美工、遊戲和講故事，但也應提供另一個重要元素：平和。

在一個特別的角落做佛壇，放置一些珍貴的物品，例如：一小尊佛像或者菩薩像、一個香爐、一或兩支蠟燭、一些花或者一小盆植物，這些都可以讓空間感覺更神聖。家庭禪修營的第一天，當孩子們和父母一起步入兒童房間的時候，我們請他們脫掉鞋子，放在室外。當他們進入房間坐好，我們請他們閉上眼睛，想像他們進入了一個與室外完全不同的地帶。我們請他們想像自己突然進入了一個時間變慢的空間，他們也跟著慢下來。他們不再著急、不再散亂，更加集中。他們放慢了步伐，他們的聽覺更靈敏了，他們的言語更柔和了，他們不需要叫嚷。也許他們會願意站到佛壇前鞠躬行禮，或者只是注視佛壇上的物品。有時候我們會分享一首簡單的歌曲，為整個小組帶來能量。

點燃香枝可以讓整體的氛圍變得平靜而特別。每天的第一個活動和最後一個活動之前，我們都會點香。當然，只要每個人都已經瞭解到了這房間所帶來的平和，兒童房間也可以是玩遊戲、奔跑和喊叫的地方。我們至少一天兩次把孩子帶回平和的氛圍中，分別是每天第一次和最後一次聚會。

家庭禪修營的兒童房間裡有很多元素，學校和家庭都可以學習借鑒。孩子們進入教室的時候有一個小小的儀式，幫助他們覺知身體、呼吸，感覺內在的平和。他們不用脫鞋或者鞠躬，而是在坐下之前，先做伸展運動和三個深呼吸。孩子們也可以在書桌上放置一顆正念鵝卵石，握著它，呼吸三次。大家可以唱一首平和的歌曲。

準備兒童房間的方法

在入口處放置歡迎字語或者標誌，上面寫有每一位孩子的名字。

- 禪修營開始時貼一張標有兩願（見一六四頁）的海報，這樣每個孩子都會經常看到。
- 貼一張關於鵝卵石禪的美麗圖畫，幫助孩子記得四個步驟（見九十二頁）
- 張貼飯前關於食物的（五項）觀想（見一七六頁）
- 在一面或者多面牆的下半部分貼上畫紙，這樣孩子們就可以在禪修營期間於上面做裝飾，不時為集體壁畫貢獻自己的才能。

FREE
FRESH
Solid

分享

和孩子們一起　沒有什麼要做的

——法容法師（Brother Phap Dung），於美國鹿苑寺（Deer Park Monastery）

在「練習」和「不練習」當中並沒有明確的界線。事實上，當我們和孩子們分享時，最好、最有效的方法就是忘記我們在分享練習。我們在場，就只是這樣的平凡，就是使任何活動愉快的基礎。我們如何反應，我們為人的品質，我們的溫暖與和善，都是最讓孩子們受益的。平和而不著痕跡的，我們可以和孩子們在特定活動中分享奇妙和喜悅。

僅僅活在當下

我們的基本練習，是為自己和身邊的的人正念地活在當下。正念幫助我們認識到自己的內外正在發生什麼。我們可以透過放鬆、活在當下來感受到孩子們和四周氛圍。在美國，孩子們管這個叫「玩樂」、「聚集」或者「放鬆」。這種奇妙的存在方式，其核心仍是練習沒有目標，練習舒適、自在地對待當下的處境。

當我們進入孩子們的空間，與他們的圈子融合時，並不強求什麼事情發生。我們有很多空間和時間，不著急。然後，從一個微笑、大笑、一次分享，緩緩打開心房，事情就這樣暢順無阻，自然而然地進行下去。

和孩子們在一起並沒有什麼嚴格的規則；除了可能要保持一定的敬畏和強烈的好奇，實際上並沒有特定的方法。這就像我們即將前往一個從未去過的地方，全神貫注、保持警覺，準備好去探險。

所謂「玩耍」，其實就是和孩子們在一起。讓孩子向我們透露他或者她是什麼樣的人，他如何說話，她的聲音是什麼樣的，他如何走動，她喜歡玩什麼，他的微笑，她臉上的所有表情，他有什麼夢想，她的整個存在。就是敞開心扉接受孩子的本來面目，並即興回應他們。既是和他們一起玩耍，也是照顧他們。讓我們的互動成為一種動中禪吧！

和睦與多樣

有時候我們把孩子們按照年齡或者語言分成若干個小組，因為在更熟悉的小組中孩子們會感覺更舒適。然而，有的孩子卻在不同年齡和語言的大圈子裡，感到更大的接受度和包容性。其實，孩子們體驗文化和年齡的差異本身就是很好的一課。而且，讓孩子們體驗如何包容「困難的」或「不同的人」，以及看看工作人員是如何處理這些差異和接納所有文化、語言和年齡也很重要。

自發的玩耍與施教

安排活動固然很好，但是自發的活動可能也很生動和充實。所以，我們的安排中留有自發的空間。我們知道孩子們的活力程度之後，做出適當的調整。例如，當孩子們活力充沛時，我們就做一些戶外運動，不過有時候深度放鬆（被孩子們稱為睡覺禪）也很有效，因為過度活躍可能意味著孩子們已經累了。當孩子們平和而專注時，我們就做一些室內的活動，比如畫畫或者講故事。自發活動沒有固定規則。要激發良好的互動、創造性和促進成長，既需要專注，也需要靈活，兩者缺一不可。

挑戰的時刻：個人故事

和孩子們在一起時，我們彼此都有學習和連結的重要時刻，在一生中都難以忘記。這使得和孩子們在一起變得特別有意義，而且很充實。我們學會很多，包括了解我們自己，我們的認知，我們的脆弱。

有時候我們會以爲自己是成年人了，就得掌控局勢，就得看上去知道自己在做什麼。我們以爲不應該讓孩子們看到自己脆弱的一面，或者不應該讓孩子看到我們失去權威。但是有時候，當我們這些成年人在當下一刻眞實表達自己的感受、坦承自身的不足，就會發生奇蹟。我們可以眞實面對自己，眞實面對當下發生的一切；不要被固有觀念束縛，不必覺得事情非得如何；擁抱當下，相信這眞眞實實的當下就是好的。一旦這種眞誠包容和接受發生了，孩子們和整個集體環境也就會發生變化。

遭遇背叛——法容法師，於美國鹿苑寺

有一次，我教給四、五十個孩子鵝卵石禪，事情進展得不太順利。孩子們年紀大小不一，從幼童到青少年都有，其中有四、五個男孩，可能覺得我的分享有點無聊，就努力要分散我的注意力。我跟他們每個都很熟悉，他們和家人來寺裡時，我照顧過他們每一個人，也都和他們每一個人一起玩過。可是，只要我一開始分享，他們就合夥起來干擾我，我很難繼續下去。這也影響了其他的孩子們。我的額頭滲出了汗水，房間裡每個人都意識到這兒有麻煩了。大家都在等待，看有誰能恢復平靜。因爲我和孩子們很親近，所以我不想在場的法師趕走他們中任何一個人。但我還是覺得這些年輕的男孩子們背叛了我。他們在眾人面前使我難堪，我覺得受傷而且生氣。

當我第三次拿起鵝卵石，並引導說：「第一塊鵝卵石代表了一朵花，它代表了我們有能力保存內心的『純淨』。」結果，他們又開始干擾我，我忍無可忍。汗水仍在我的臉上流淌，我放下雙臂，閉上眼睛，開始注意自己的呼吸。我放棄了，局面已經不受控制。房間變得安靜

了，每個人都在等我重新開始講話。當我意識到自己的憤怒和受傷時，內在的惱熱便漸漸散去，慢慢冷卻。我說，「吸氣，我受到傷害。呼氣，受到傷害也沒什麼。」一位女法師邀請鐘聲。「吸氣，我覺得遭遇朋友的背叛。呼氣，我帶著愛和理解對他們微笑。」我繼續這樣的引導禪修一會兒，接納自己的感受，特別是接納房間裡正在發生的一切。每個人都知道正在發生什麼，但是沒有人知道該怎麼辦。

當大家意識並重視這個局面時，情況就發生了變化。用一行禪師的話來說，我們用「眞名」來稱呼現狀。那幾個男孩子們被認出來了。他們引起了小組其他人的注意，但是也引起了別的——大家都意識到他們正在干擾小組的活動。我覺得他們明白這些，因爲他們的身體運動發生了改變。他們開始坐直，安靜下來，他們開始聆聽，並留意小組的活動。

那天早上的活動最後變成了如何處理我們的情緒和難題，而不是鵝卵石禪了。我們詢問孩子們，當其他孩子分散他們的注意力時，他們有什麼感覺？當他們覺得煩惱或混亂時，他們如何處理？結果那天早上的經歷對我們每一個人都有益。

現在回想起來，我明白了！一開始我們就應該將小組分成兩組，並及早對那幾個男孩子們的行爲作出回應。我也明白了，我太執著於那天早上應該如何度過。我不接受教室裡當下發生的事情，卻竭力要維護自己固有的想法。我並沒有尊重自己的感受。我們本可以請那幾個男孩子們離開教室，這樣事情就可以如期進行。不過，這次體驗對我來說也是難得的一課，因爲我學會當我可以如實認知當下且坦然接受時，不管那一刻是悲傷、憤怒還是其他感受，我的觀念就會發生變化，小組的集體觀念也會有所改變。

白蛾菩薩——法容法師，於美國鹿苑寺

有天晚上，當孩子們圍著圈唱歌跳舞的時候，一隻白蛾飛入這圈裡和我們一起跳舞。她停在我旁邊的地毯上，我跪了下來向她打招呼。在我剛說了：「孩子們，多奇妙啊！一隻美麗的白蛾唱著歌加入我們。」時，一個年幼的男孩快速地跑過來，狠狠的踩了飛蛾好幾下。另一些男孩也跟他一起踩。一個女孩驚恐地尖叫起來。其他孩子也都嚇壞了。僧團的其他僧尼抱著孩子，安慰他們。我撿起死了的飛蛾，將牠帶到外面，歸還大地。我回來時，房間裡寂靜無聲。我坐在圈子中央，閉上眼睛，專注的呼吸了幾分鐘。一位女法師請了一下鐘聲。

我開始為白蛾祈願，並表達了我們的愧疚。我們為自己的拙劣而愧疚。「親愛的白蛾，請原諒我們沒有認識到你的美麗以及你對我們的恩賜。你因為我們的無知、暴力和拙劣而犧牲了生命。我們祈願此刻的你已經到了詳和平安之處，祈願你離開我們時沒有太痛苦。對於所發生的一切，現在我們感到十分難過。你來到我們身邊，分享你的奇妙、你的舞蹈和你對孩子們的愛。然而我們不明白。我們被蒙蔽，被我們的興奮情緒、我們殺戮弱小生命的習性以及缺乏照顧所有生命的能力所蒙蔽。這不是一個人的錯，因為我們每個人都需要負責。我們承諾下次會

做得好些。我們承諾尊重任何生命個體，植物、動物，甚至是爬蟲、昆蟲。我們承諾不殺生，不被自己的暴力習性控制，不殘害屬於這個世界的美好事物。」接著，我們邀請每位孩子講講他們的感受，表達他們所受到的傷害，跟飛蛾說，請求她寬恕我們的行為。「親愛的白蛾，謝謝您和我們在一起。」「我們很抱歉，傷害了你，殺害了你。」「我們希望你還好。」當每個孩子分享了他們的想法、男孩子們為自己的行為感到後悔時，整個房間的氛圍發生了改變，之前因此而哭泣的小女孩也感到安慰。

這次經驗成為討論的基礎。我們分享了生活中對於蚊子、蠕蟲、蝴蝶和爬蟲的態度，我們如何對待牠們，其實牠們和我們一樣想活下去。結果這次討論非常深刻、真實，在我所帶領的同齡兒童的「兩願」分享會中是最難得的。謝謝你，白蛾菩薩，謝謝你的恩賜和犧牲。

擁抱

——英嚴法師，於美國碧岩寺（Blue Cliff Monastery）

詹姆士是一個七歲的小男孩。他有兩個好朋友，分別是七歲的保羅和八歲的伊夫。他們三個可要好了。小組裡其他四位成員都是女孩。不管計劃什麼活動，女孩子們都聽從我的意見，但是詹姆士和他的朋友們卻默默反抗，對我的看法和建議不予回應。

如果孩子們和我去散步，詹姆士和他的朋友們就跑開去玩他們自己的遊戲。如果我們在兒童房間裡畫畫或者做手工，他們三個就在外面繞著房子跑。如果我們做短劇，他們就玩點別的。整個禮拜都這樣度過。

我不知道怎麼辦。我不想訓斥或者強迫他們做任何事情，但是我讓他們知道，隨時都歡迎他們參加小組活動。

那週的最後一天晚上，我們舉辦了玫瑰儀式（Rose Ceremony），以表達對父母的尊敬。儀式結束之後，詹姆士的媽媽前來問我詹姆士是否可以擁抱我？詹姆士就站在他母親後面。我覺得非常驚訝。他過來的時候，看上去那麼害羞、那麼脆弱，完全不是他一直以來孩子王的樣子。我擁抱著他的時候，感到內心深深的喜悅。我也注意著不要把他抱得太緊或者貼得太緊。三個呼吸之後，詹姆士還是抱著我不放。他抱得更緊了，不肯放手。

我意識到，原來詹姆士接受了過去一週發生的一切。他感覺到也領悟到了所有的一切。那並不是我們在做的活動或者我們在學的練習。詹姆士體會到的是我們對他和他朋友的接納態度。我們自己是什麼樣的人以及我們怎麼對待孩子們，都在他們的心中留下印記。

歌唱故事——佚名（兒童活動工作人員）

我和六歲孩子所組成的小組坐在一起，我開始講故事。過程中，有一個孩子開始唱歌、製造噪音，並持續了一陣子。我停了下來，他還繼續唱。我輕聲地問他：「我繼續講故事，好嗎？」相當奇怪，他沒有回應。於是，在他咿咿呀呀中我繼續講故事。突然，我發現自己適應了他的聲音，讓他的聲音引導我。這個故事開始變得多姿多彩、情感豐富。這是我以前都不曾感受到的。我們全都陶醉了。在超過半小時的講故事過程中，那男孩一直這樣唱下去。連指導老師都聽得津津有味。後來我才知道，這個男孩因爲自閉症的關係，從來沒有欣賞任何故事或者表演超過十分鐘。我現在仍默默感謝他那天教我的一課。

播撒和平的種子——眞定嚴法師（Sister Chan Dinh Nghiem）

在梅村新村的第一個夏季生活禪修營中，我照顧法國的孩子們。每天我都學到了很多，他們深深的滋養了我。他們總是精力十足，照顧他們還蠻累的，但十分值得，因爲他們自然地接受了我的愛，也一樣給我他們的愛。我所做的事情總是立即開花結果。哪怕只是給他們幾件很簡單的玩具，他們也會告訴我他們有多開心。他們說他們很開心，因爲在梅村他們的父母比在家裡更安靜、更溫柔。他們愛待在梅村，因爲他們的父母改變了。

孩子們每天都給我帶來驚喜。雖然開示佛法的時候，他們會坐立不安、跑來跑去，但是開示之後我問他們有什麼問題，他們卻知道他們聽到的一切。當他們和父母回到家裡，是他們在繼續練習、比父母更加牢記開示內容。他們就像一張張白紙。我回想起自己還是個小女孩的時候，在寺院裡所接受的一切，我知道每件小事情我都記得。當我在梅村照顧小孩的時候，他們就像是我的正念鐘聲。他們眞正幫助我練習。我說的任何話、做的任何事，數年之後，他們都會牢牢記得。我只想在這些白紙上畫上美麗的畫。

我記得有一天，孩子們非常吵鬧，躁動不安，而我已經很累了。僅僅一週，我已經失聲了。他們還在叫喊、跳躍，做著他們喜歡做的事情。我筋疲力盡，像死人一樣躺下來。這時，女孩子們就讓男孩子們停了下來，並說：「安靜，看看定嚴法師。因爲我們太吵了，所以她很累。」他們就自己安靜下來了，我不需要強求控制。因爲我們彼此愛護，他們看到我累了，就嘗試幫助我。

我領悟到，我們能傳達給孩子最重要的東西是我們自己的爲人。孩子們十分敏感。他們不是靠思維來活的，他們靠感受來活。所以我們的存在、平靜、溫柔以及和睦，就是我們能給他們最重要的東西了。因此，我們需要實實在在的練習，這樣才能把這些東西傳達給孩子。

教導孩子的最佳方式就是給他們講故事，然後讓他們重演故事。他們熱愛短劇。他們也熱愛和父母一起練習「重新開始」（Beginning Anew）以及「茶禪」（Tea Meditation）。活動和練習中有父母陪伴眞是太好了。每年這些活動都很成功、也很感人。

孩子們每年都回來，這樣我便看到了他們的成長。去年夏天我非常開心，因爲他們自己組成了一個共修小組，在一年當中都相互聯繫。在下一個暑假家庭禪修營時，他們一起來歡迎新人，讓他們覺得容易適應。他們在一起這樣開心，以至於儘管他們已經是青少年了，還是想待在兒童組！

在這些年輕人中，我看到了佛教教育在西方的未來。這些練習對於他們來說非常自然。在他們成長的過程中，正念看來將成爲一種常態。因爲他們從小就開始學習正念，這樣的練習將伴隨他們一生。他們不是在理智層面堅持佛法。因爲他們理解了佛法根本，我深信他們會善於創造，去找到更適合西方的練習方式。

梅村：孩子的家——米凱萊．希利（Michele Hill），於美國夏威夷

這個夏天，我越過半個地球，從夏威夷來到法國參加梅村簡樸的生活禪修營。我印象最深刻的要算是那裡孩子的參與了。過去十年中，在西方我們參加過的類似禪修，基本上是某種寺院生活時間表的改編。即使有孩子一起，也是少數的參與者帶孩子一起參加整個禪修營。那些來短暫參與的人，必須自己想辦法解決照顧孩子的問題，通常會是與別的家長一起輪流照顧孩子。

隨著我們共修團有孩子的人越來越多，家庭生活和這種基本上是寺院練習之間的分裂越來越大。在梅村，我發現孩子不僅是參與其中，更是整個社群的主力。他們承擔禪堂裡的各種日常工作，比如請鐘、引導茶禪，並且參與各種儀式。他們參與每件事情，人們自然會注意他們。在一些小組討論中，一行禪師都會提到讓孩子參與練習的問題。孩子們似乎自然地熱愛各種儀式、儀軌、歌曲和遊戲。孩子們的父母經常說，是孩子記得在飯前合十禱告，是孩子認識

了各種儀軌的美好，比如進入禪堂之前要鞠躬。

一行禪師說過，如果你不能跟孩子解釋你所做的事情，那麼很可能你做到的並非眞正的練習。如果是眞正的佛教，那麼孩子們必須參與其中並明白你所做的事情。

一行禪師覺得孩子們可以明白最深奧的佛理。因爲佛教的核心是非常簡單、易懂。比如，「你就是我、我就是你」、「沒有瞭解就不可能有愛」，以及「只要一隻手指受傷，整隻手都會疼。」

一行禪師曾說：「我們需要找到讓孩子們喜悅的練習。這非常重要，因爲如果我們不能跟孩子們在一起，那就缺了點什麼。一旦讓孩子們參與練習，父母也會覺得開心。」

這些話令我印象深刻。我經常聽到朋友們一方面想參加禪修、另一方面要照顧孩子，難以抉擇。在職父母不得不離家工作，到了晚上或者週末就很不願意離開孩子。我注意到我們共修團中有一些家庭曾嘗試努力參加，但大多數人都放棄了。在我看來，創造一種孩子們可以參與的練習可解決很多問題，也豐富了我們所有人的經驗。一行禪師曾表述：「沒有孩子們支持的練習是不可能的。沒有孩子參與，就是對家庭和社會的一種逃避。」

3 培養我們自身的正念

想要成功地和孩子們分享正念，你必須先自己練習。你的存在、平靜以及安寧是你能給年輕人的最好禮物。只要你安穩、喜悅、充滿慈悲，你自然會懂得如何創造喜悅的家庭或學校環境，也懂得如何澆灌孩子、家人、學生以及同事們身上良好的素質。所有好學校的共同特徵是具備好老師。而要成爲好老師或好家長，你必須瞭解自己、照顧好自己。你需要一個能幫你靈巧地、慈悲地處理自己的情緒和痛苦的練習，這樣你才能夠慈悲地處理孩子、學生和同事的苦惱。

我們每個人都承載著童年時所遭受的傷痛，治癒這些傷痛的過程使我們更容易在日常生活中理解孩子，與孩子們建立聯繫。如果我們還有任何未能轉化的傷痛，我們就有可能將這些傷痛傳遞給我們的孩子和學生。我們的痛苦就會變成他們的痛苦。這就是爲什麼在日常生活中練習正念那麼重要。正念練習不僅可以使我們避免筋疲力竭，還可以讓我們在意識深層轉變自己。本章主要講述如何照顧自己，這也許是本書中最重要的一章。如果你自己不夠安定，又怎麼可能把平靜帶給孩子們和學生們？

第一步：照顧好自己

我們都必須知道如何在一整天中照顧自己，不論是行走、坐臥、飲食還是刷牙。我們的家由我們的身體、感受、情緒、認知和意識所組成。我們家的領土很遼闊，而我們自己就是治理領土的君王。我們得知道如何回到自身之家、回到自心之家，照顧好我們的身心。正念可以幫助我們。假如我們身體感到疼痛、緊張和壓力，第一步就是回到自己的身體去照顧它。我們可以花一點時間靜下來，說：

吸氣，我覺察整個身體。
呼氣，我釋放身體裡的所有壓力。

一旦我們懂得如何照顧身體，我們也就懂得如何照顧我們的感受和情緒。透過正念，我們可以培養喜樂的感受。而當一個強烈的情緒升起時，我們應該知道如何照顧它。我們可以重複這首練習短詩（就是偈子）幫助我們照顧這些情緒。

吸氣，我覺察到自身痛苦的感受。
呼氣，我溫柔地擁抱它。

不要試著用消磨時間來掩蓋感受。我們當中有很多人情願逃避自身的苦痛，所以我們嘗試用看電影、上網、讀書、喝酒、吃東西、購物和談話來掩蓋自己的感受，這樣我們就不必體驗自己的痛苦。可是最終，這些只會讓情況更壞。

佛陀說過，沒有什麼可以脫離食物而存在。如果我們的痛苦、我們的悲傷、我們的恐懼還在那裡，那是因爲我們一直在餵養它們。一旦我們認出並擁抱我們的痛苦、悲傷和恐懼，它們就會有所減輕，我們就可以繼續練習深入觀照這痛苦的本質，以便識其根源。我們可以識別出究竟是什麼「養分」助長了我們的苦痛、恐懼和抑鬱。

如果我們因爲抑鬱而受苦，那意味著我們一定在用一種可能導致抑鬱的方式來生活和攝受不同的事物。佛陀說過，如果我們深入觀察現狀，也就是我們的苦痛，並且去識別導致苦痛的源頭，那麼我們就已經走在解脫之路上了。

我們的孩子可能吸收了大量的暴力、恐懼和渴求。他們看電視的時候，目睹了無數的暴力行爲，這會導致暴力、渴求和恐懼的種子在孩子們心中生長。現在，年輕人有很多暴行，而他們又不知道如何處理自己的情緒和痛苦。身爲家長和教育工作者的我們應該有能力幫助他們處理自己的恐懼、憤怒和暴力。法國的人口不是很多，但是每年還是有超過一萬兩千名年輕人自殺。這些人都是憤怒、害怕和絕望等強烈情緒的受害人。在學校裡，沒有人教過他們如何處理這些強烈情緒。所以，我們這些家長和老師懂得如何處理自己的情緒非常重要，只有這樣我們才可能在家裡或者學校裡幫助年輕人去處理他們的情緒。我們消費和攝受事物的方式常常導致我們的恐懼、悲傷和絕望不斷增加。所以正念消費和攝受是解決問題的辦法，也是我們的練習。我們必須用這樣的方式消費，以防止增加內心負面成份。

同樣，愛也不能脫離食物而存在。如果我們不滋養我們的愛，那麼它總有一天會死去。這就是爲什麼識別出哪些養分可以滋養我們內在的正面元素那麼重要了。我們可以只吸收那些能增長我們理解、慈悲和愛的養分。

在日常生活中運用下面的這些練習，可以增加正念的能量，減少壓力、滋養喜悅。你可以慢慢的從每天只做一個練習開始，然後逐漸增加。你不必等到練習得完美無缺才開始和孩子們分享。一旦你開始練習，轉變就已經發生，而你轉變的結果（哪怕還是很小的果實），也會讓你的孩子們、學生們和你幫助的年輕人受益。

建立每日正念作息

不管是早晨還是夜裡，每天留出五至十分鐘的時間正念呼吸是十分管用的。每天請在同一時間練習，而且要在一個有助於平靜和專注的環境練習。你可以坐在椅子上，也可以坐在地板的坐墊上。舒服的坐著，背部挺直、全身放鬆。你可以閉著眼睛，也可以微微張開。自然的隨息：吸氣、呼氣，注意整個吸氣，然後注意整個呼氣。你也可以使用下面的禪修引導詞。

引導禪修，滋養喜悅的禪修①

以下的引導禪修可以坐著練習，可以步行時練習，也可以臨睡前躺在床上練習。每個練習至少重複十次吸氣和呼氣，使用概括每個練習的關鍵詞，有助於把心集中在練習上。如果心思分散了，只需輕輕的把它帶回到呼吸和關鍵詞。

1. 吸氣，我知道我正在吸氣。	**吸**
呼氣，我知道我正在呼氣。	**呼**
2. 吸氣，我的呼吸變深。	**深**
呼氣，我的呼吸變慢。	**慢**
3. 覺知到我的身體，我吸氣。	**覺知身體**
放鬆我的身體，我呼氣。	**放鬆身體**
4. 安定我的身體，我吸氣。	**安定身體**
照顧我的身體，我呼氣。	**照顧身體**

①有關更多的引導禪修，請查閱www.plantingseedsbook.org和《正念蓮花：梅村禪修指引》（香港皇冠出版社，二〇一四年）

5. 對我的身體微笑，我吸氣。
讓身體休息，我呼氣。　　對身體微笑
讓身體休息

6. 對我的身體微笑，我吸氣。
釋放身體的緊張，我呼氣。　　對身體微笑
釋放緊張

7. 感受活著的喜悅，我吸氣。
感覺歡喜，我呼氣。　　感受喜悅
感覺歡喜

8. 安住當下，我吸氣。
享受當下，我呼氣。　　活在當下
享受當下

9. 覺知我姿勢安穩，我吸氣。
享受安穩，我呼氣。　　姿勢安穩
享受安穩

一個正念動作

除了每天練習正念呼吸之外，你也可以選擇某個動作，每天做這個動作的時候保持完全覺知。每次我爬樓梯時，我享受每一步。吸氣，我踏出一步，微笑。呼氣，我享受其中。我和我靜修處的樓梯已約定，如果我錯過享受一步，如果我踏步時缺少正念，那麼我就退回來，重新嘗試！如果你願意，你也可以與你的樓梯或某一段路程簽訂和平條約，例如上班時從你家到公

共車站，或從你工作地方到停車場處的一段路上。

你也可以選擇其他活動來練習，享受做這些活動：比如全然覺知地刷牙，開門和關門，打開電燈，或者駕車。當你做這活動的時候，不要讓你的心跑去別處，不要思考其他問題，百分之一百專注在這個動作上，把它變成一種禪修。

用於呼吸的詩句②

偈子是日常生活中有益覺醒的正念短詩。我們可以在吸氣的時候背誦一行，呼氣的時候背誦另一行。對於那些你想要更加正念的動作，你可以運用創造力寫出自己的詩句。

醒來

今早醒來我微笑。
我前面是全新的二十四小時。
我願覺知地活著。
用慈悲和愛的目光看著眾生。

②Planting Seeds網站上有更多詩句，請至www.plantingseedsbook.org查閱。

批閱學生作業時

吸氣，我正接觸學生完成作業的努力。

呼氣，我用清晰、靈巧和慈悲來鼓勵和引導學生。

微笑禪

別忘了我們自己的微笑，還有微笑的力量，這很重要。我們的微笑可以爲我們自己、同時也爲身邊的人帶來很多歡喜和放鬆。微笑是一種嘴部瑜伽。當我們微笑，它會釋放我們臉上的緊張。其他人，哪怕是陌生人注意到，也可能會回以微笑。透過微笑，我們就創建了一種美妙的連鎖反應，觸動我們遇到的每一個人，使他們感到喜樂。微笑是善意的使者。當你微笑的時候，也請做一會兒呼吸練習。

吸氣，我微笑。

呼氣，我放鬆，接觸喜樂。

懶散日

在全球的梅村練習中心，每個禮拜都有一天懶散日。這天除了吃飯，我們沒有任何活動安

排。當我們知道如何生活得更深刻，那麼懶散日就是一週中最美妙的一天。懶散，並不等於我們不練習，只是我們自行練習而已。

不再有鐘聲提醒我們活動，不再有時間安排表，每個人都可以自由的去做他或她想做的事情，包括睡覺和閱讀。懶散日是非常神聖的日子，類似其他宗教的安息日。懶散日這天，我們盡可能懶散。這可不容易，因爲我們已習慣總要做點什麼。

如果我們願意，我們可以躺在吊床上休息。我們也可以自己練習正念走路或者坐禪，我們還可以野餐或遠足。我們可以關掉電話和電腦，給自己時間和空間，讓自己做些平時做不了的事情，比如長途步行、寫一首詩，或泡壺茶，一邊凝視天空一邊慢慢品味，也可以約一位朋友靜靜坐著，享受彼此的陪伴。不管我們在做什麼，我們都用正念去做，因爲這就是享受它的最好方法。

什麼也不做，僅僅欣賞我們自己和周圍的一切，本身是一種非常深厚的練習。因爲我們都有一種做點這些事或者那些事的習性。我們不能坐著或者躺著不動去欣賞自己或者欣賞美麗的天空。如果我們不做點什麼，我們就無法忍受。我們必須不斷練習以克服這種一直讓我們想說點什麼、做點什麼的習性。如果我們能夠做得到，那麼我們的懶散日就很值得了。如果我們做不到一整天這樣練習，我們可以每個星期空出半天或者幾個小時。每個懶散日是要留給我們做不一樣的事情——並不是確切地要做什麼，而是全心全意地存在。

第二步：照顧我們的關係

練習照顧自己的身心幾個星期之後，我們會感覺好很多。然後，我們可以開始第二步去照顧他人，我們的伴侶、我們的朋友或者我們的同事。我們必須先照顧自己，然後我們才有能力去愛、去照顧他人。我們可以幫助我們愛的人去處理他們的痛苦，但前提是我們可以處理好自己的痛苦。

當我們能更妥善地照顧好自己，我們就可以更清楚地看到我們愛的人也有痛苦。他們有自己的困難。幫助我們的伴侶、我們的雙親、我們的同事，可以增強我們作爲家長、老師和照顧者的能力。

我們之中很多人已經喪失了傾聽和使用愛的語言的能力。哪怕是在自己家裡，我們都覺得很孤單。一旦溝通中斷，我們都會受苦。如果沒有人聽我們說話，或不理解我們，那麼我們就像隨時會爆炸的炸彈。

深入的、帶著慈悲的傾聽可以療癒這種局面。有時候，僅僅十分鐘的傾聽就可以轉化我們，使我們的雙唇再次微笑。我們還需要訓練自己學會使用愛的語言，這樣我們才可以恢復和諧、愛和幸福。

我們喪失了平靜講話和善意對話的能力。我們很容易受到刺激。也許你和另一個人（你的朋友或者伴侶），過去這些年都受了不少苦。你們似乎都失去了帶著慈悲深入傾聽彼此的能力，因爲你們心中有很多苦、傷痛和暴力，所以已經不再能帶著慈悲和耐心去傾聽。痛苦造成的障礙如此巨大，即使你想使用愛的語言，都十分困難。你想平靜地講話，可當你告訴別人你心裡的想法時，你就開始變得尖酸刻薄、動不動就下判斷。這些會讓她更加難以繼續傾聽你說的話。學習平靜、慈悲的聆聽，以及使用平和的、充滿愛的語言十分重要。要恢復溝通，這兩種方法是必須的。

練習正念呼吸，並對目前局面深入觀察，就會明白造成你們之間如此困難局面你也有份，那麼你就可以去找她。全然存在於當下，用愛的語言告訴她：「親愛的，我知道，過去三、四年中你受了很多苦。這份苦我也有責任。我不太理解你的痛苦、你的困難，所以我言行中犯了很多錯誤。但我並不想讓你痛苦，我會那麼做、那麼說都是因爲我還不夠善巧。我只想讓你開心，然而由於我不夠理解你的痛苦和困難，犯下了很多錯誤。我眞想聽聽你心中的想法。請告訴我你的痛苦、你的困難、你最深切的渴望。請幫幫我，只有這樣我們才能再次開心起來。」如果你能用那種語言講話，那麼此人的心門一定會再次打開。

當對方來找你傾訴時，你要告訴自己傾聽的唯一目的是讓對方釋放心中的痛苦。不管他說什麼，你都會聆聽。在一段關係中，我們每天都有可能對彼此有錯誤看法。一旦你聆聽所愛之人的言語，你就會意識到他對你有很多的錯誤看法，你也可能意識到你對他也有很多的錯誤看法。但你只要繼續聆聽就行了，不需要做出什麼回應。稍後，你可以提供信息以糾正他錯誤的看法，但不是現在。也許幾天或者一週以後，你可以跟對方分享一些信息，以幫助他改變他錯誤的看法，但不要一次提供太多信息，因爲也許他一時無法全部接受。一點一點地和對方分享信息，這樣對方才有能力接受並改正他的錯誤看法。

即使他表述了很多辛酸痛苦、錯誤看法、評價判斷和強烈譴責，你也只繼續懷著慈悲聆聽就行了。聆聽的時候保持慈悲的覺醒是一種藝術，要做到這點就需要練習正念。一個小時的這種傾聽可以減輕對方很多痛苦。「慈悲」保護你，讓你不會被對方的言語激怒、不會爲對方的言語生氣。你像慈悲的菩薩或偉人那樣傾聽。那是一種技巧。慈悲的菩薩並不在天上某處。慈悲的菩薩就在你身體中的每一個細胞。一旦你知道如何觸及她，她就會顯露出來，在細心聆聽時停留在你的心頭。

當你全心投入的傾心聆聽，你甚至可以做得比心理治療師更好。如果你愛的人受苦，你就不可能開心，所以請將自己百分之一百投入到聆聽中。在整個傾聽的過程中保持慈悲心。如果你確實覺得自己不夠專注了，也不要強迫自己。告訴你愛的人：「親愛的，我今天狀態不好。我們可以改天再坐下來談嗎？這樣我才能全心投入傾聽你。」然後，你可以出去練習正念走路和正念呼吸，以獲得更多的力量來完成細心聆聽的練習。

如果我們對自己的人我關係不能保持正念，就可能會說一些話或做一些事，使對方受苦。

那可能只是我們覺得不值得談論的微小痛苦——但這樣的想法非常危險。日復一日，這小小的痛苦會持續長大，直到有一天你再也不能帶著歡喜心看著對方。一開始的時候，你的愛是如此美麗，你每天都只想看著你愛的人，僅僅看著她就帶給你很多愉悅。但是，現在你看著她，你不再覺得快樂；取而代之的是，你們可能都去看電視來避免看著對方。這在關係中是失敗的。我們總還是可以做一點什麼，來幫助彼此重新發現我們的愛。

鼓勵對方使用愛的語言的最好方法就是我們自己先實行。當我們練習愛的語言時，我們自己就會受益；我們體驗歡喜，漸漸地對方也會認知到愛的語言的力量和效用。

面對不公或者壓迫的局面，你也可以使用愛的語言，因爲只有使用愛的語言你才可以和他人或團體溝通。如果你辱罵、責備或譴責他人，那麼他們就不會理你。你白白浪費了力氣，也沒得到任何效果。

只要你成功轉化了自己的憤怒、害怕和悲傷，你就可以幫助你所愛的人。過去，你嘗試過但沒有成功，這是因爲你還沒有改變自己。現在你已經改變了，你也可以激勵所愛的人同樣做出改變。然後，回家或跟朋友聚會的時候，你可以和他們分享在教育年輕人這工作中獲得的快樂和遇到的困難。對方是你的支持者，會鼓勵和分擔你的教育工作。

重新開始

「重新開始」是深入而誠實的觀照我們自己、我們過去的行爲、言語和思想，並爲我們自己、我們和他人的關係創立全新的開始。我們練習「重新開始」是爲了淨化我們的思想，並保持我們練習的清新。當我們在關係中遇到困難，而我們其中一個人覺得怨恨或受傷時，我們知道這就是練習重新開始的時機。

「重新開始」幫助我們發展使用親切語言和慈悲聆聽的能力，因爲這是我們認識和欣賞社群中正面要素的練習。去認識別人的優點，也會讓我們看到自己的優點。在擁有這些良好特質的同時，我們每個人也都有自己的弱點，比如憤怒地說話或陷入錯誤的觀念。就像在花園中，當我們「灌溉」每個人心中善良和慈悲的花朵時，我們也減少了憤怒、嫉妒和誤解的雜草。

我們可以每週練習「重新開始」。我們可以在面前放一盆花，來幫助我們想起我們的純淨時刻。這個練習有三個部分：澆灌花朵、表達悔意和表達傷害與難受。這練習可以避免傷害的感受在幾個星期中不斷累積，幫助控制局面，確保社群中每個人的安全。③

③ www.plantingseedsbook.org配有程序表。

1. 我們開始澆灌花朵

當我們開口講話，我們的言語要反映我們之間這些花朵的清新與美麗。澆灌花朵期間，說話者要告訴大家其他人的善良和優點。這不是恭維，我們要永遠說眞實語。

一旦我們留意時，我們會發現每個人都有強項。還有別人發言時，我們不插嘴。我們給自己足夠的時間，每個人則應練習細心聆聽。

我們不該低估第一個「灌溉花朵」的步驟。如果我們能夠眞誠地認識到他人的優點，那麼我們就難以繼續感到生氣、憤怒。我們自然就會變得柔軟，我們的視野更寬敞，考慮更周全。只要我們不再身陷錯誤的認知、不再感到惱火、不再隨意判斷，我們就很容易在社群或者家庭中找到與他人和好的方法。這個練習的核心是在社群成員之間恢復愛和理解。練習形式應與當前情況和參加者相稱。爲了汲取別人的經驗，向練習經驗更深厚和經歷過類似困難的人請教會有所幫助④。

2. 第二步，我們對於做過的一切傷害他人的行爲表達悔意。

一句無心的話就足以傷害他人。「重新開始」的練習使我們有機會回想本週早前某些令我們後悔的行爲、並打開心結。

3. 第三步，我們表達他人如何傷害了我們。

愛的語言至關重要。我們希望療癒我們的關係及社群，而不是傷害它們。我們直言不諱，但並不想造成破壞。聆聽在這個練習中非常重要。我們坐在一群練習細心聆聽的朋友中，我們的語言會變得更加美好，更有建設意義。我們從不指責，也不爭論。

在這最後的練習部分，慈悲的聆聽十分重要。帶著減輕他人痛苦的意願，我們聆聽他人所受到的傷害和遇到的困難，而不是判斷對方或與對方爭。我們全神貫注地傾聽，哪怕我們聽到的並非完全真實，我們也繼續聆聽，這樣別人才可以表達他的痛苦，減輕內在壓力。如果我們回應或更正，這練習就會無功而返。我們僅僅聆聽。如果我們需要告訴別人他的看法並不正確，我們可以幾天以後私下平靜地再那樣做。這樣，在下一次練習「重新開始」時，糾正錯誤的人可能是他，而我們不必說什麼。我們可以用一首歌或大家一起做正念呼吸來結束這個練習。

和平約章與和平筆記

假設我們關心的人對我們說了不那麼友善的話，我們覺得受到了傷害。如果我們立刻回

④如需找尋按照一行禪師傳統練習的共修團或者練習中心，請查詢 www.iamhome.org

應，那麼我們就有可能讓情況變得更糟。另一個選擇是吸氣、呼氣，讓我們自己平靜下來，並在我們足夠平靜之後，才開口說話：「親愛的，你剛才說的話傷害了我。我願意深入觀照它，也請你深入觀照它。然後，我們約定本週遲些時候一起來深入觀照。」一個人觀照痛苦的根源，很好；兩個人一起觀照痛苦的根源，更好。

我們可能在心中與自己交戰，用毒品或酒精來傷害我們的身體。現在我們有機會和自己的身體、感受和情緒簽訂一個和平約章。一旦我們簽署了這樣的和平約章，我們就可以有一定的平和，可以跟我們愛的人和解。如果我們自己內心有戰爭，那麼我們很容易開始跟所愛的人開戰，更不用提和我們的敵人了。如果我們愛的人就是我們的敵人，我們怎麼可以指望我們的關係、我們的國家、我們的世界維持和平？

我們自身都有智慧的種子。我們明白懲罰他人全無益處，然而我們還是不斷嘗試懲罰他人。一旦我們愛的人說了或做了讓我們痛苦的事情，我們就想懲罰她，因爲我們相信，懲罰她可以讓我們自己的痛苦有所緩解。當我們神智清醒時，我們會明白這種做法幼稚而無知。當我們使我們愛的人痛苦，那麼他們也會反過來嘗試懲罰我們，來緩解他們的痛苦。結果懲罰就不斷地遞增。

和平約章建議在週五晚上討論，當然你也可以選擇任何一個晚上。約好週五是因爲如果你仍然覺得痛苦，太早討論是很危險的，你可能會說出讓情況更糟的話。在週五晚上之前，你可以練習深入觀照自己的痛苦之源，對方也可以這樣做。週五晚上之前，你們其中一位或你們兩個人都發現了問題的根源，有能力去找對方道歉。然後，在週五晚上，你們可以一起簡單喝一杯茶，享受彼此的存在。這就是禪修練習。禪修讓我們自己變得平和，並深入觀照自己痛苦的本質。

如果直到週五晚上痛苦還未得到轉化，那麼練習像觀音菩薩那樣聆聽的藝術吧：一個人表達自己，另一個人細心聆聽。當你說話的時候，用愛的語言分享內心深處的感受——對方可以聽懂和接受的話語。當你聆聽的時候，你知道必須好好地聽，才可以減輕對方的痛苦。如果你們可以在週五晚上解決衝突，那麼週六、週日你們就可以一起享受共處的時間。

這和平約章與和平筆記是兩件用來幫助我們療癒關係中憤怒、痛苦的工具。我們簽署和平約章的時候，我們不只是要跟對方達成和平，我們也是在跟自己達成和平。我們並不需要對方簽署才能讓這協議生效。哪怕只是一方據此練習，情況也會得到極大的改善。在我們的練習中心爲伴侶們開辦的禪修營中，我們會舉辦特別儀式，儀式中會誦讀和平約章，而個人或者伴侶可以上前來，當著整個社群正式簽署和平約章。

最好不要僅止於誦讀和平約章。不妨在別人面前，甚至整個家庭和社群面前簽署協議。這樣可以使你的承諾變得牢靠，也得到共修團護持。和平約章和和平筆記的文本可參見網站：www.plantingseedsbook.org

寫一封愛的信

如果生活中，我們與某人相處不太順利，那麼我們可以獨自花一點時間，寫一封信給她。我們可以給每天見面的人寫信，同樣也可以給多年未見的人寫信。很多人覺得這種練習很有幫助，特別是給已經過世的家庭成員寫信。這樣的和解是我們可以爲自己、爲我們所愛的人和我們的祖先所做的偉大奉獻。我們與自己內在受到父母影響的部分和好，原諒它們，並按它們本來的樣子接受它們。如果我們和他們疏離，這種練習可以幫助我們找到與他們和好的巧妙方法。爲我們的家庭帶來和平與療癒，永遠都不晚。

至少給自己幾個小時，用愛的語言寫這樣一封信。寫信的時候，嘗試練習深入觀照你們關係的本質。爲什麼溝通如此困難？爲什麼幸福變得不可能？

你可以在信中——

1. 承認對方的痛苦
2. 承認對方的一部分痛苦是你造成的
3. 向對方求助
4. 承認如果對方不開心，你也無法開心
5. 承諾停止造成對方痛苦

寫一封愛的信並不意味著我們不能說實話，我們可以說出全部的實話，但用愛的、慈悲的語言來表達。開始書寫之前，我們必須先練習深入觀照對方的思想、意識，這樣才能瞭解他的困難和痛苦。如果我們表現出我們可以理解他的痛苦和困難，他會願意閱讀我們的信。人們喜歡讀愛的信，而不是恨的信。用這種愛的語言，我們可以和所愛的人傳達我們所有的感悟及全部的想法。

我的一個弟子出家時，他的父親勃然大怒，因爲他本來指望兒子做醫生，賺很多錢來資助家裡，但是兒子覺得做僧人比做醫生更可以幫助更多的人。他父親非常生氣，以至於不聽兒子的電話，也不回兒子的信。在我的幫助下，有一天，兒子給父親寫了一封愛的信。信大致是這樣寫的：「父親，在僧團中很多師兄不斷告訴我，我有很多優點，如毅力、體貼和慈悲。一開始，我不相信自己有這些優點，但是他們不斷地告訴我，所以最後我接受了這是眞的。當我深入觀照的時候，我發現這些優點都來自於您。沒有您，我怎麼可能有這些優點呢？我深深的感激您、感激母親、感激我的祖先。因爲祖先、父母傳遞給我的這些優點，僧團裡的師兄們都喜歡、欣賞我。我寫這封信是想表達我的感激，對您，父親，和我的祖先。我現在很想更瞭解我的祖先。關於祖父和曾祖父我知道得很少。父親，你可以告訴我更多關於他們的事情嗎？這樣我可以更加瞭解我的根源。」

讀完這封信，父親寫了一封長達十頁的回信，父子之間的溝通完全恢復了。一封信可以創造奇蹟。練習愛的語言很神奇。它可以觸動人心，它可以恢復溝通，帶回和諧、消除誤解。哪怕只練習幾分鐘，你已經可以看到它的作用。

第三步：把正念帶到我們的社群

當我們有能力照顧自己，並幫助同事和所愛的人照顧他們自己時，那麼我們就可以嘗試把和平與正念的練習帶到我們的課堂、我們的學校和我們的社群。這需要朋友或同事的合作，而非獨自一人完成。透過正念，我們可以認識並懂得如何處理學生和同事的痛苦。我們必須細心聆聽他們，也幫助他們彼此細心聆聽。我們可以練習愛的語言和細心聆聽，以恢復我們學校群體中的溝通，這將會提高教學品質。我們的喜樂將有助於我們與教育界其他群體分享我們的教學成果。只有當我們可以將正念成功帶入我們自己的教學社群中時，我們才有可能幫助改變整個國家的體制，這是第四步。

在學校環境中，這意味著我們也必須自己組織一個教育工作者的社群。校長可以在組織學校社群中扮演十分重要的角色，讓教育工作者可以定期聚會，相互學習、相互幫助。建立教育工作者社群非常重要，因爲這樣可以創造更多安穩、自由和幸福，而這是我們工作的基礎。我們都需要僧團來滋養我們的練習，保持其生機。每天我們都應該從自己的練習和我們僧團的練習中獲得滋養和療癒。

我們這麼做不僅是爲了我們自己，也是爲了我們社群中的其他人，因爲他們需要我們的清新和安穩。我們必須瞭解自己的不足，不要承擔我們力所不能及的工作。哪怕我們周圍的需要十分迫切，我們也必須保護自己。我們需要有時間復原和滋養自己。

如果你想長時間持續下去，你就必須照顧好自己。有時候這樣做並不容易，因爲這種情況非常艱難；但是，如果你失去了自己、耗盡了自己，那些需要你的人就會很痛苦。問題不在於你能做多少，而是你能每天堅持做嗎？

沒有了我們練習中產生的安穩和幸福，我們就沒有什麼可以貢獻給別人。這不只是做事和行動的問題，而是身心狀態的問題。平和的身心狀態是和平工作的基石。如果沒有平和的狀態，那麼做什麼都不會和諧。保持平和是做和平工作的基礎。

Q & A

提問：我們學校的運作宗旨好像是「越多越好」。雖然學校實施了很多頗有價值的課程，可還是不斷要求老師和學生多做些。承擔了太多有價值的工作，我已經開始質疑其中的眞正價值了。但是，我覺得好像只有我一個人想要更放鬆、更平靜的日常經驗。我也擔心管理層會當我是要發牢騷、找麻煩。我該如何解決這個問題？我是不是該繼續這種瘋狂的節奏？對於我們教導學生的情況、對於老師的情況，我應該繼續保持沉默嗎？既然我不打算離開這所學校，那麼我要怎樣才能眞正在這種工作環境裡繼續我對於正念的承諾？

一行禪師：你可以寫一封愛的信給校長、校董。他們有他們的痛苦和困難，在愛的信中開頭你應該表示理解他們的痛苦和困難。也許你還沒有看到他們的痛苦和困難。也許他們的上司要求他們做那些他們要求你們做的事情。你可能對他們有誤解，所以你不應太過肯定他們就沒有自己的問題、困難和壓力。他們可能有很大的壓力。當你已明白了他們的處境，你就可以開始寫一封愛的信，不批評、不判斷。你可以完整表達你的見解、你的想法和你的需要。在把信給管理層之前，你還可以和一兩位同事分享這封信，聽取他們的意見。

分享

老師的日常正念練習

——Tineke Spruytenburg，於荷蘭

我教六、七歲的自閉兒童。這是我所遇到最具挑戰性的工作！如果不是每天練習正念，我根本不能做到！每次我出門之前，我都至少靜坐二十分鐘。去學校的路上，我觀察到自己的念頭跑開時，我就把它帶回到我的身體。

挑戰度最高的是，和孩子們一起時如何照顧內心的情緒。我們的很多學生感到害怕或不知所措時，會行為失控，例如有一次，一個七歲的孩子踢傷了我，結果我不得不去看醫生。

回顧這件事，我知道是情緒上的苦痛（而非身體上的苦痛）導致我的腿如此軟弱。現在，一旦發生這樣的事情，我會讓自己離開一會兒。如果可能，我會離開教室，在走廊裡練習正念走路，或到就近的洗手間裡坐下來，花幾分鐘關注自己的呼吸。

害怕、缺少理解、注意力不集中都是我們那些自閉學生的日常挑戰。每個星期，我們會做幾次正念呼吸的練習，通常是在教室裡做一些體能活動（如瑜伽）的前後時間。我也教他們正念飲食，幫助他們專注於自己的食物，但沒有告訴他們這是正念飲食。我們靜默飲食，這給他們一個休息機會，暫離在課堂中接受的信息和感官刺激。多數孩子珍惜這個休息、平靜的時刻。只要我以身作則，保持安靜並不很困難。當我注意力分散，東張西望或開始做什麼事情時，就很容易打破靜默。

我還教他們正念走路。我們都必須走路幾分鐘去上課。雖然我們的步行有組織、有秩序，但是孩子們的注意力還是很容易被他們內在和外部的動靜所分散。一天，我給他們一個任務：「從這裡到學校門口，我請你們完全關注你們的雙腳如何移動，雙腳踏到地上的時候是什麼感覺，下一步抬起時又是什麼感覺。什麼也不要想，僅僅觀察你如何走路。我們到門口了，再說說你們的體驗。」全組人都響應了這個要求。當我們到達的時候，有一個男孩分享說，這就像全心全意的吃東西，非常平和。另一個孩子說，當她的思想變得嘈雜時，她會用這種方法走路。這些靜默時刻有助於孩子和大人們恢復活力，並創造和睦、專注的能量。

分享

建立學校共修團

——不署名的教師，於德國

我在二〇〇五年時第一次於梅村學習正念，我覺得這對我作為高中老師的工作會有很大幫助。但是，如何幫助呢？一開始的時候，我很少明確地把練習帶進教室。

慢慢的，我工作的內在基礎開始改變。不再只是完成工作要求的空洞壓力，而是轉變成健康且美好的東西。遇到事情不順利，現在我有了內在的皈依處，我會問自己，這裡有什麼愛和理解的方法？無需爭鬥，無需控制其他人，無需抱怨他人的過失。這些都是在我們學校和我自己之內非常強的共同習性。現在，當我坐下來和佛陀或者僧團分享，我可以回歸自我，呼吸，告訴自己沒什麼問題。我盡力了，我應得到耐心、愛和理解。

我讀過《保持平和：正念與公共服務》（*Keeping the Peace: Mindfulness and Public Service*，二〇〇五年），這是一行禪師講述如何在公共服務中練習的書。其中有一句令我終身難忘的話：「如果你想要你服務的對象也從練習中受益，那麼和同事們一起建立共修社群十分重要。它可以幫助你、支持你的抱負。」雖然一開始，我還不好意思和學校裡的人分享靈性之道，但是一行禪師的建議鼓勵我不再保密。我時不時會提起自己參加禪修營或共修團。漸漸地我發現有些人很有興趣，那麼我會分享給他們一點練習經驗和自己如何從中受益。我從來沒有得到過負面的回應。當我覺得這樣做是受歡迎時，我邀請他們探訪我們本地的共修團。我並沒有特別做什麼去促成這件事，但我明白一行禪師的建議很可能會實現。

今年，有三位同事和我一起參加在德國瓦爾德布爾的歐洲應用佛學院（European Institute of Applied Buddhism）所舉辦為期一週的教師課程，回來之後我們建立了學校共修團⑤。以下是我們回來之後練習的情況。

- 我們每兩週聚會一小時十五分鐘。靜坐十到十五分鐘之後，我們分享自己在做什麼、關注什麼，以及讓我們喜樂的體驗，還有在學校遇到的困難。我們聚會要結束時，會討論一下兩週後做哪些練習和學校共修社群的議題。我們澆灌彼此的花朵，表達相互欣賞，並且唱一些歌。

⑤ www.eiab.eu查閱更多歐洲應用佛學院信息

• 我們分別在一週中的各天專注一種不同的練習：呼吸、走路、飲食、微笑和接納。一天中，我們觀察彼此的練習，有時候其他老師的目光一瞥也會提醒我們該回到當天的練習了。

• 我們在教師辦公室窗邊放置陶瓷瓶子，每個人貢獻一些寫有一行禪師偈子或格言的小卡片。任何時候我們需要共修團的能量時，我們就可以從瓶子裡抽一張或遞給朋友。這很美好。

另一個喜樂源泉是我們最近的第二身系統，或稱夥伴系統（見一四二頁）。我們透過對她微笑、問候她、在她的學校郵箱留訊息、在她辦公桌上放一朵花等方法來支持我們的第二身。通常我們會想把我們收到的再傳遞出去，這樣一來能量便能在共修社群間真正地流通。看見大家如何創造新方法來與學生一起把我們的練習應用於工作中，十分鼓舞人心。我們也發現有了共修社群的支持，就更容易教導學生練習。

4 正念呼吸和聆聽鐘聲

鐘聲是佛陀內心的聲音，因爲我們每個人心中都有佛陀。佛陀代表了我們正念、慈悲和理解的能力。聆聽鐘聲就是聆聽我們內心慈悲和智慧的聲音，召喚我們回家，提醒我們更和平地對待自己和對待世界。當我們心思散亂，我們就需要聆聽內心佛陀的聲音，召喚我們回來，說：「回來吧，回到自心之家。不要因憤怒、沮喪而迷失了自己。」

當我們離開了眞正的家一段長時間，我們會渴望回家。在我們眞正的家時，我們會覺得平和。我們會覺得無需東奔西跑，也不再有什麼問題。我們可以放鬆、做我們自己。做自己本來的樣子是非常奇妙的。你已經成爲了你想要的樣子。你不需要成爲別人或成爲別的東西。看看蘋果樹吧！蘋果樹僅僅是蘋果樹而已，這是多麼奇妙啊！它不需要成爲別的東西。我是我，你是你，這也十分奇妙。我們只需要讓我們成爲我們本來的樣子，享受我們本來的樣子。那種感覺，那種領悟，正是我們眞正的家。我們每個人內心都有一個眞正的家。

日日夜夜，我們眞正的家持續用非常清楚的聲音召喚我們。它不停傳遞給我們愛和關注，但我們感覺不到，因爲我們太忙了。當我們聽到鐘聲時，我們便放下一切——談話、思考、玩樂、歌唱、和朋友們一起——我們回到自己眞正的家。

當我們聆聽鐘聲，我們就是在聆聽一個我們愛和尊敬的人的聲音，所以我們不說話、思考或做其他事情。就靜靜站著，用心聆聽。如果是三聲鐘聲，那麼在整個過程中，一邊聆聽，一邊深呼吸。當你專注的時候，你就可以和自己說：「吸入，我感覺安心；呼出，我感覺歡喜。」如果呼吸和練習不能幫助你感到安心和歡喜，那還有什麼用？我們每個人最深層的渴望都是自己能夠幸福快樂，也給身邊的人和其他生命帶來幸福。

隨著正念鐘聲呼吸

材料：小鐘和鐘槌，CD播放器

對於年幼的孩子，你也可以從以下章節中為每個單元選取一兩個活動。你可以在單元開始的時候和孩子們分享一個活動，然後在單元結束的時候再練習一次，以加強課程效果。或者，你也可以在每個單元最初的五至十分鐘，介紹不同的鐘或呼吸練習。建議引導詞用黑體標出。孩子們與我們一起分享時的回答在括號中。

隨著鐘聲停下來

不論在學校或禪修營中，我們和孩子們的第一單元，常常是向他們介紹「聆聽鐘聲」和「邀請鐘聲」。拿起小鐘，提問：你們誰知道這是什麼嗎？誰家中有這個？當我們聽到鐘聲時要做什麼？

鐘聲是佛陀的聲音，或某位深愛著我們的人的聲音，他希望我們平靜喜悅①。聽到鐘聲的時候，我們放下手上在做的事情，停止說話，並且僅僅呼吸。這樣我們可以休息，可以停下來休息一會兒，可以享受我們自己。我們僅僅覺察自己的吸氣和呼氣。

請鐘幾次，以供練習。

現在我們開始練習隨著鐘聲停下來。我們自由地在房間裡走動，當聽到鐘聲響起時，我們都會停下來，呼吸三次。然後繼續走動，但在每次聽到鐘聲時都停下來呼吸。

---

①如果不使用「佛陀」一詞讓你更自在的話，你可以說「智慧和慈悲的能量」、「無條件的愛」、「我們的本性，我們真正的美善」或「神，耶穌或阿拉。」

識別吸氣和呼氣

為了幫助你真正認識自己的呼吸，將一根手指橫放到鼻子下方，感受自己的呼氣。呼氣的感覺是什麼樣呢？溫暖、潮濕？你能感覺到它嗎？吸氣的感覺是什麼樣呢？涼涼的？我們一直在呼吸，但通常不在意呼吸，把它視為理所當然。但是呼吸如此重要！試想，要是不能呼吸，我們會怎樣？

現在，把雙手放到腹部，呼氣和吸氣時發生了什麼？

（吸氣時肚子隆起，呼氣時肚子收縮。）

靜靜地感受這種節奏一會兒。當你僅僅注意呼吸時發生了什麼？

（更加平和，更加安寧。）

學會關注呼吸幫助我度過困難的時刻（如果可以，請舉例。）。按我們一直所做的有意識的呼吸，可以幫助你在不安、緊張的時候平靜下來，也可以幫助你在課堂上、考試時更加專注。任何時候我們覺察呼吸，不管我們當下在經歷什麼都會得到改善——如果我們開心，我們會更開心；如果我們正在受苦，正念呼吸幫助我們減輕痛苦，平靜下來，更清楚地觀照事物。播放歌曲〈我跟隨自己的呼吸〉（I Follow My Breath），接下來，你可以問孩子們，你從歌曲中學到了什麼？歌中有沒有哪些建議你已經熟悉？

♪ 第一首 我跟隨自己的呼吸

留意吸氣和呼氣的長度

現在讓我們來留意一下吸氣時持續幾秒、呼氣時又持續幾秒。這並沒有正確答案。我們每個人按自己的肺活量呼吸，我們都想要自己自然的呼吸。呼氣可能會比吸氣略微長些。讓吸氣保持不變。當你呼氣的時候，嘗試呼出肺中全部空氣，收縮腹部，讓呼氣更長一點。但是不要強迫去做，這應該是愉悅的發生。如果你享受延長呼氣，你也可以試著延長吸氣。延長呼氣和吸氣的感覺如何？

你可以帶一個有秒針的鐘，這樣孩子們可以爲他們的吸氣和呼氣計時。邀請孩子們分享他們的呼吸長度。他們可以在紙上寫出呼吸長度，或走上前，寫在黑板上。

隨著鐘聲數息

現在讓我們繼續這種稍微延長時間的呼吸方式，並開始數息。我們會數一數在一次鐘聲期間有幾次呼吸。我會請鐘，你可以數呼氣的次數，直到你不再聽到鐘聲回響。然後舉手。閉上眼睛會比較容易數一點，但你也可以睜開眼睛。

喚醒鐘並請一聲鐘聲。當鐘聲完全消失時，請說：在鐘聲回響期間，你數到了幾次呼氣？請用手指向我示意。這並沒有正確答案，我們每個人的呼吸都不一樣。

現在我們看看能否數呼氣的次數，一直到十。吸氣，然後當你呼氣的時候，數「一」。只在呼氣時數。

當孩子們完成的時候，你可以問問，注意這總共十次的每一次呼吸，容易還是困難？有沒有人走神、數錯？走神也沒關係。如果你注意到自己數錯了，不用擔心，從頭來過。讓我們再試一次。

傾聽鐘聲的偈子

有一首偈子（也就是詩歌），用於傾聽鐘聲：

吸氣，我們說：「聽吧，聽吧。」
呼氣，我們說：「這美妙的聲音將我帶回到我眞正的家。」

我將請鐘聲，然後我們一起念誦這個偈子三次。這有助於孩子們在每次鐘聲後、呼吸三次時誦讀偈子。教孩子們唱〈傾聽鐘聲的偈子〉（Gather for Listening to the bell）這首歌。

♪第二首 傾聽鐘聲的偈子

什麼是我們真正的家？我們內心都有個美好的、安全的地方，只要我們回去，那兒總是充滿平和。帶我們回這內在的家的橋樑是我們的呼吸。這就是為什麼鐘聲如此重要，因為它幫助我們呼吸，並回到這個真正的家，那是我們內心的島嶼，平靜又明亮。你上次體驗這真正的家是什麼時候了？什麼時候你覺得平和、安靜並且清明？除了鐘聲還有什麼能幫助你回到這真正的家？

如果你願意，你可以教他們唱〈心中的島嶼〉（The Island Within）這首歌。

♪第三首 心中的島嶼

你也可以讓孩子們寫下這偈子，並在旁邊畫上他們心目中眞正的家的圖像。他們也可以使用〈心中的島嶼〉中的圖像，如樹、陽光、小溪和小鳥。或者，你可以準備一張寫好偈子的大海報，讓孩子們在上面畫上代表他們眞正的家的圖像。把海報掛起來，或把孩子們寫上偈子的畫掛起來，這將有助於提醒他們聽到鐘聲時如何練習。

學習請鐘

如果小組裡有孩子已經懂得如何請鐘，鼓勵他們與他人分享，並爲他人示範練習方法。請孩子們如佛陀一般，筆挺、優美地坐正。他們可以坐在椅子上或地上，盤腿或屈膝，保持背部挺直、全身放鬆。

只有在我們平和寧靜時，我們才請鐘。因爲鐘會反映我們的心境。只有當我們自己也是平和的時候，我們才能幫助他人變得平和。請鐘之前我們可以念誦這首短詩。吸氣時，對自己說：

身語意完全合一。

這意味著你專注集中。呼氣時，念誦第二行：

我的心意跟隨著這鐘聲。

這意味著你將愛送給這個世界。再一次吸氣時，念誦：

願聽者從失念中覺醒。

失念是正念的反面，鐘聲幫助我們保持正念。聽到佛陀的聲音，我們回到當下。隨著下一個呼氣，念誦：

並超越焦慮和悲傷之道。

請鐘時，如果忘記了偈子也沒關係，但是最好盡力記誦。

你也可以教孩子們前面偈子的另一個版本：

吸氣：我真的在這裡，身心合一。

呼氣：我願這鐘聲幫助別人感到平和喜樂。

或另一個更加簡單的版本：

吸氣，我平靜。呼氣，我微笑。

如果你使用較短的版本，重複兩次。孩子們在請鐘之前，最好能夠吸氣和呼氣兩次。如果你有時間，你也可以讓孩子們寫下他們自己的短詩，用於聆聽和請鐘，然後不論是聆聽或請鐘時，眞正練習使用這些短詩。

當你念誦偈子，練習吸氣和呼氣時，你自然身心合一。你會變得專注集中，你心中會有美好的祝願，祝願每一位聽到鐘聲的人遠離悲傷、憤怒和焦慮，也祝願他們享受呼吸和微笑。念誦著偈子時吸氣和呼氣兩次，現在你已經有資格請鐘。你有足夠的平和、寧靜和專注。哪怕你還十分年幼，只有六、七歲，你也可以是很好的請鐘者。

我們說「請鐘」，而不是「敲」或者「擊」鐘，因為我們一同對鐘保持尊重，因為我們知道它可以幫助很多人。然後我們對鐘合掌、鞠躬，表達我們的敬意，也表示我們身心合一。我們拿起鐘，放在平坦並張開的手掌上，再用另一隻手拿起鐘槌，喚醒鐘。我們喚醒鐘，讓其他人知道完整的鐘聲即將響起，這樣他們會停下來去享受鐘聲，而不是突然吃驚地停住。喚醒鐘之後，我們吸氣和呼氣一次，然後才邀請鐘聲。這讓所有人有時間停下他們正在做的事情，靜下來。完整的鐘聲應該有力而清晰。如果我們不小心在邀請鐘時過於輕柔，我們可以立即請一聲更有力的鐘聲。接下來，我們享受吸氣和呼吸三次。我們放下鐘、鞠躬。

請每個孩子都嘗試請鐘一次。孩子們很享受這個練習，他們跟著每一個人請的鐘聲，常常非常安靜地呼吸三次。但他們經常忘記喚醒鐘，所以你需要提醒他們。有時候他們太緊張了，不知道如何正確請鐘。溫和地鼓勵他們再試一次。你也可以邀請他們分享請鐘時的感受。你可以指出成年人通常比孩子呼氣得慢，所以當孩子們為成年人請鐘時，孩子們多給成年人幾秒。這樣，成年人也有時間吸氣和呼氣三次。

當他們學會了如何請鐘，你可以讓孩子們在你開始和結束一個單元時請鐘。提醒他們必須平和、請鐘之前吸氣和呼吸兩次。你也可以鼓勵他們在家裡安放一個鐘，當家中氣氛緊張、充滿怒氣或者散亂的時候，他們就可以請鐘，提醒父母和兄弟姐妹呼吸。很多孩子在家裡都這樣使用鐘。

很多老師在教室中也成功使用鐘。在上課過程中，你可以讓孩子們輪流請鐘，尤其是在氣氛不是很平和的時候。如果你沒有鐘，可以使用另一種聲音。有些課堂中會讓一個學生每隔十五分鐘拍手，這時每個人都停下來回到自己的呼吸。孩子們也可能想用其他他們喜歡的聲音。

傾聽我們的佛性

你知道佛陀在呼喚我們嗎？現在我們將仔細傾聽，看看我們能否聽到佛陀的呼喚。聽啊，我想祂正在呼喚我們！

念誦請鐘的偈子，然後請鐘一次。

你有沒有聽到佛陀在呼喚我們？當我們聽到鐘聲的時候，我們就聽到了佛陀的呼喚！這就是為什麼我們不管正在做什麼都要停下來，以對鐘聲中的佛陀表達敬意。我們停止走動、我們停止思考、我們停止交談，我們傾聽佛陀美妙的聲音。這並不是很久以前的佛陀在呼喚我們；這是我們內心的佛陀，是我們的佛性。當我們聽到這呼喚，我們微笑、我們吸氣，我們對自己內心的佛陀，也就是我們的佛性說：「聽吧，聽吧。」然後我們呼氣，我們對自己的佛性說：「這美妙的聲音把我帶回我那真實、平靜、充滿愛的自己。」

有時候佛陀是鐘，有時候佛陀是鳴鳥，有時候佛陀是啼哭的幼兒或電話鈴聲。有很多其他聲音讓你覺得平和愉悅。你能想到你內心的佛陀用來呼喚你、將你帶回到自己佛性的其他聲音嗎？

（我爸爸叫我的聲音；笑聲；鬧鐘聲；雷聲；樹上的風聲；晨雞報曉的聲音；河流的聲音；飛機越過我家屋頂的聲音；汽車的喇叭聲；我貓咪的喵叫聲。）

這些也都是佛陀的聲音、覺醒的聲音，這些聲音可以幫助我們回到內心那個平和與寧靜的處所。

♪ 第四首 聽吧，聽吧

在這裡，你可以播放〈聽吧，聽吧〉（Listen, Listen）這首歌。你注意到歌曲裡什麼聲音？白天裡我們聽到了哪些不同的聲音？它們喚醒我們什麼樣的感覺？哪些聲音可以幫助你回到自己的呼吸？除了聲音，你能想到佛陀用來呼喚你的其他方法嗎？你看到、聞到、接觸到的東西有哪些可以提醒你回到自己的佛性？

（日落；失而復得的玩具；蝴蝶；風暴；花朵；做飯；我的貓咪爬到我的大腿上；我的狗擺動尾巴；我最愛的絨毛玩具。）

你覺得，為什麼你內心的佛陀（你的佛性）想引起你的注意？

（提醒我要快樂；提醒我愛身邊人；提醒我要善良。）

無論在哪裡，能夠聆聽佛陀、尋找佛陀、聞到佛陀或感到佛陀的呼喚都十分美妙。

分享

學校的正念鐘聲

——艾德．格洛賽（Ed Glauser），於美國喬治亞州

我是一所小學的顧問。學校位於喬治亞州的一個保守的小鎮，那裡是聖經地帶（Bible Belt）的一部分。我已經開始將正念鐘聲帶去教室，並在我們練習正念吸氣和呼氣時請鐘。這一年裡，我看到學生們和老師們都很享受鐘聲。它改善了學生們和老師們的生活，也豐富了整個社群。

當一位二年級的學生告訴我，她教她兩歲的弟弟如何正念呼吸，在日間托兒所發生衝突的時候想著鐘聲，我便知道我的方法是正確的。她自豪地告訴我，當一位孩子打她弟弟的鼻子，她弟弟就練習正念呼吸，選擇想著正念鐘聲而不是還擊報復。還有一次，一位四年級的學生來我的辦公室，告訴我他很不開心。他僅僅是想來我的辦公室請鐘，吸氣、呼氣，然後繼續回教室上課。這些對他有美妙的作用。他請了鐘聲三次後說：「謝謝你，我感覺好多了。」然後就回教室了。

學年結束前的最後幾週，有幾個例子是關於鐘聲如何改變了學校的情緒和氣氛。第一個例子是，老師們開始向我詢問從華盛頓地區正念社群網站（mindfulnessdc.org）下載鐘聲用於在學校日間播放，幫助學生停下來，吸氣和呼吸，重拾清新。

第二個例子是，電腦中的鐘聲拯救了我辦公室裡一場十分熱烈的家長和老師的會議。聽到鐘聲，每個人都停下來呼吸，更加正念地、尊重地表達他們的不悅。最後，校長、也是一位南部浸禮會的傳道人，讓我把鐘聲下載到他的電腦裡。他在教職員工會議中，帶來了鐘，以便每一位老師都可以一起呼吸。他也在我有壓力的時候，提醒我記得鐘聲並呼吸。

看到正念鐘聲和有意識的呼吸可以轉變公立學校的氛圍，使之成為人人更加正念和尊重的環境，甚至只是在小小的南部聖經地帶的喬治亞州小鎮。——這真是美妙極了。我說：「阿門！」

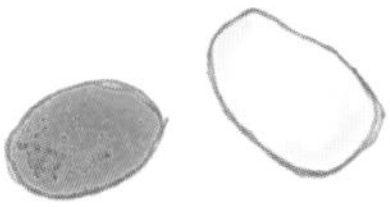

鵝卵石禪

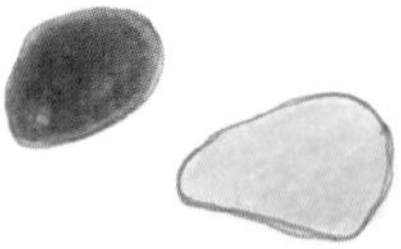

吸氣，我看自己是一朵花。
呼氣，我感到清新。

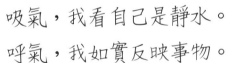

吸氣，我看自己是山。
呼氣，我感覺安穩。

吸氣，我看自己是靜水。
呼氣，我如實反映事物。

吸氣，我看自己是空間。
呼氣，我覺得自在。

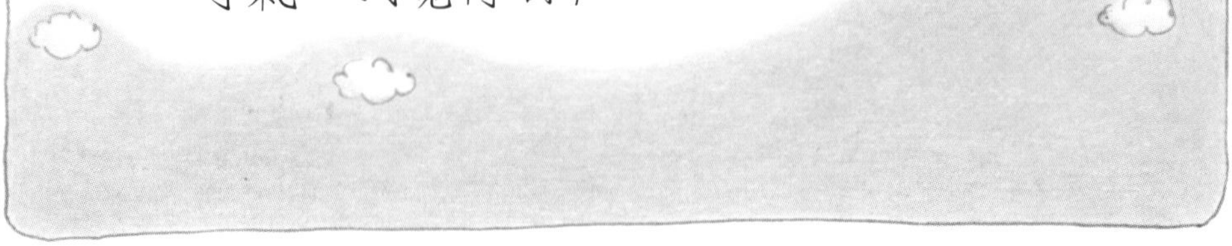

5 我自在：禪修

多年前，我們在加州的聖塔芭芭拉有一個兒童禪修營。數以百計的孩子們來參加禪修營，他們的父母也來支持他們。在禪修營中，我們發明了鵝卵石禪。

鵝卵石禪

你可以在樹下、客廳裡或任何你喜歡的地方練習鵝卵石禪，但那必須是一個安靜的地方。你需要有一個小鐘。你可以選一個人來引導鵝卵石禪，而無論那是誰都應該懂得如何邀請鐘聲。

你們每一個人可以從大自然中選四塊鵝卵石。你可以用一個小袋子來放石子。你可以組織朋友或家人一起練習靜坐。如果你是和朋友們一起，你可以邀請一、兩位成年人一起參加鵝卵石禪。大家圍坐成一圈。你可以在圈子中央放一朵花。向花朵鞠躬之後，優美地以蓮花坐（兩腿交疊，每隻腳分別擱在另一隻腳的大腿上）或半蓮花坐（一隻腳擱在另一隻腳的大腿上）的姿勢，或任何你喜歡的姿勢坐下來。重要的是，你要找到自己舒服的姿勢。

在你的左邊放置四塊鵝卵石。拿起第一塊鵝卵石，看著它，然後握在掌中。你可以把這隻手放在另一隻手上。

第一塊鵝卵石代表一朵花。「**吸氣，我看自己是一朵花。呼氣，我感到清新。花朵，清新。**」呼吸三次，每次吸氣時念「花朵」，且每次呼氣時念「清新」。你眞的看自己是一朵花，而不只是想像。當你吸氣的時候，你看自己是一朵清新可愛的花。我們都是人類花園裡的花朵。我們每個人都是花兒。我們可以成爲非常美麗、非常清新的人。我們每個人都有自己的花性，它讓我們美麗、清新、愉悅、可愛。當我們有這種清新和美麗時，我們可以奉獻很多東西給別人和世界。

看到小孩子的時候，我常常看到他或她是花。她的臉龐是眞正的花。他的眼睛是眞正的花。她的手、他小小的腳是眞正的花。孩子在嬉戲是眞正的花在嬉戲。他醒時，花很美麗；她睡時，花很美麗。我們可以看到每個孩子都是眞正的花，我們希望他們一生都是這樣的花。禪修可以幫助我們保持清新、保持我們的花朵特質。很多成年人失去了他們的花朵特質及他們的清新。他們受苦太多、哭了太多。當你憤怒、發火且不友善的時候，你就一點兒都不清新了，你在別人看來就一點都不漂亮了。

恢復我們清新的方法之一是練習「**吸氣，我看自己是一朵花。**」我不是想像，我本來就是一朵花，花朵的特質種子一直在我心裡。我生來是一朵花，我這輩子都想保持做這花。我上了年紀，但我盡心保持清新。很多孩子們喜歡走過來坐在我身邊，因爲我懂得如何恢復我的清新、我的花朵特質。在你吸氣和呼氣的四、五秒鐘裡，你可以妥善地恢復你的花朵特質——透過呼吸、微笑與釋放緊張。微笑是很容易做到的，這不需要很多時間，在一、兩秒內就可以釋放你臉上數以百計的肌肉的緊張。你如何知道自己的禪修是否成功？如果在練習中你可以看到自己是一朵花，並且感到清新，那麼你已經成功了。這是使用第一塊鵝卵石做第一個練習。完成之後，把鵝卵石放到你的右邊。

現在拿起第二塊鵝卵石。第二塊鵝卵石代表一座山。「**吸氣，我看自己是山。呼氣，我感覺安穩。山，安穩。**」吸氣和呼吸三次，對自己念這偈子。

無論你相信與否，我們每個人內在都有一座山。當你用十分穩定的姿勢坐著，背部打直並放鬆的時候，這會讓你覺得安穩。最好的練習姿勢是蓮花坐或半蓮花坐，因爲這樣你會覺得十分穩固。哪怕有人過來推你或惹你，你都能保持安穩；你不會被你的憤怒、恐懼、擔憂和失望帶走。你可以保持平靜，哪怕是面對挑釁和威脅。再沒有人可以讓你害怕了。這對於你的喜樂非常重要。安穩讓我們有喜樂的可能。不安定、不穩固的人，不可能是喜樂的人。只有在你覺得安穩的時候，人們才可以依靠你。只有你愛的人是安穩的，你才可以依靠她。所以你可以把安穩如同清新一樣給予你愛的人。

第三塊鵝卵石代表了靜水。「**吸氣，我看自己是靜水；呼氣，我如實反映事物。靜水，反映。**」如果你見過非常安靜的湖面，你知道湖水完美地反映了山、雲朵和周圍的樹木。你可以給湖水照相，就像給周圍的天空、樹木和山拍照一樣。

當你是沉著的、平靜的時候，你可以如實觀察事物。你不會扭曲事物，你不會成爲錯誤認知的受害者，不會因此而覺得恐懼、憤怒和失望。而當你不平靜的時候，你會誤解事物，你會感到混亂；你誤解他人，也誤解自己。你犯了很多錯誤，給自己和他人帶來痛苦。如果你安寧、平和，你的認知將會更加正確。第三塊鵝卵石，我希望培養寧靜、平和。

每個人都需要有足夠的平和、安寧和寧靜，才能有眞正快樂，所以我們需要第三塊鵝卵石「靜水」。爲了使得我們自己身心平和，每天我們都應該練習「靜水，反映」。

最後一塊鵝卵石代表了空間和自在。**「吸氣，我看自己是空間；呼氣，我覺得自在。空間，自在。」**空間是自在的，而自在是眞正喜樂的基礎。沒有自在，我們的喜樂就不圓滿。自在從哪裡來？自在來自沒有恐懼、沒有渴求、沒有憤怒、沒有絕望，沒有我們的種種計劃和擔憂。佛陀就是大自在的人。這就是爲什麼祂無比歡喜。吸氣，你帶給自己廣大的空間。呼氣，你把廣大的空間帶給所愛的人。

如果你愛某人，試著給他更多的空間，不管是內在還是生活中，他會開心的。在花道，也就是插花藝術中，你會學到每一朵花都需要她自己的空間來散發出她的美麗。人也是這樣。每個人都需要內在和周圍的空間，才能眞正開心。如果愛某人，我們應該懂得如何給他足夠的空間，內在和外部的空間。

如果你自己沒有足夠的空間，你又如何給你所愛的人足夠的空間？所以，爲自己培養更多的空間非常重要。如果你自在且能給予別人自在，那麼你是一位眞正的愛人。你不會把自己關進牢裡，也不會將所愛的人關進牢裡。你心中自在，才能給她自在。

鵝卵石禪有助於孩子們和大人們培養更多的清新、安穩、寧靜和自在。可以隨時隨地練習，充滿愉悅，毫無困難。我持續全力以赴地將我所有的美好品質傳遞給我的精神子女以及他們的子女①。

練習鵝卵石禪的練習

除了下面提到的練習，你可以使用CD第五首的〈鵝卵石禪〉（Pebble Meditation）引導。

♪ 第五首　鵝卵石禪

①你也可以用其他內容來分享鵝卵石禪，如六度（布施、持戒、忍辱、精進、禪定和智慧）、三寶（佛寶、法寶、僧寶）或四無量心（慈悲喜捨）。或者，鵝卵石也可以代表所愛的人，像媽媽、爸爸、兄弟姐妹、祖父母、外祖父母；握著鵝卵石，在三次呼吸之間，我們把我們的愛傳遞給那人。

鵝卵石禪畫畫

材料：鐘和鐘槌、一張對摺再對摺的紙、每個孩子四塊鵝卵石、彩色的簽字筆、蠟筆、彩色粉筆、彩色鉛筆或水彩筆。

注意：你可以親自收集鵝卵石，也可以讓孩子們收集鵝卵石。

孩子們完全可以勝任引導彼此完成這個禪修，而且他們常常喜歡請鐘。可以讓一個孩子引導整個禪修，也可以讓不同的孩子每人引導四個練習中的一個。在一次、兩次或更多禪修中提供這個練習，這取決於你的時限和孩子們的精力。你可以用四天來完成鵝卵石禪，每天讓孩子們沉思一塊鵝卵石。你也可以在每一堂課程或每一天開始或結束時，拿出五到十分鐘做鵝卵石禪。你可以用〈吸進來，呼出去〉（Berathing In, Breathing Out）這首歌曲來開始鵝卵石禪。引導詞用黑體寫出。

讓我們學唱一首與孩子們一起創作的歌曲，幫助我們利用花朵、山、靜水和空間來練習鵝卵石禪。這首歌叫做〈吸進來，呼出去〉。

♪ 第六首　吸進來，呼出去

現在，讓我們隨著鐘聲呼吸三次。

喚醒鐘，然後邀請鐘聲三次，在每次鐘聲當中停頓一會兒。

拿出你的四塊鵝卵石，放在左邊。接下來，打開你的那張紙，你將在紙上不同的折疊部分畫畫，其中一部分，請畫上一朵花，任何的花。當你畫花的時候，你可以正念呼吸。

孩子們畫完花之後，說「花兒代表了我們的清新」。我們每個人都有變得清新的能力。如果我們失去清新，我們可以透過練習吸氣、呼氣來恢復這清新。你也是一朵花，有你自己的清新。只要恢復清新，我們就是美麗的。

用兩隻手指，拿起一塊鵝卵石放在左手手掌上。用你清新的眼睛看著它：這塊鵝卵石代表了一朵花。把左手輕放在右手上，用第一塊鵝卵石開始練習：

吸氣，我看自己是一朵花。
呼氣，我覺得清新。
花朵，清新。

吸氣、呼氣三次時，溫和地對自己重複這兩個關鍵詞。每次你念誦它們，你就恢復自己內在的清新，變得清新起來。三次呼吸之後，看著你的鵝卵石，對它微笑，然後把它放到你右邊的地面上。

我想讓你畫的第二樣東西是一座山。在你畫山的時候，吸氣、呼氣，並且微笑。

孩子們畫完山之後，說「一座山代表了穩固和穩定」。你內在有一座山，因為當你練習坐禪和行禪，你就增加了穩固和穩定的能力。穩固和穩定對於我們的喜樂十分重要。我們知道自己有能力穩固和穩定。如果我們懂得如何練習正念行走或正念打坐，我們就可以培養自己的穩固和穩定。這就是我們內在的山。

現在拿起第二塊鵝卵石，看著它。這塊鵝卵石代表了山。把它放在你的左手，然後把左手放在右手上，用第二塊鵝卵石開始練習：

吸氣，我看自己是山。

呼氣，我感覺穩固。

山，穩固。

吸氣、呼氣三次時，溫和地重複這兩個關鍵詞。你內在有一座山，你有能力保持穩固和穩定。接著，把鵝卵石放到你右邊的地面上。

我想讓你畫的第三樣東西是靜水，例如湖水。當你畫靜水的時候，吸氣、呼氣，並且微笑。

孩子們畫完靜水之後，說「靜水反映天空、雲彩和群山」。靜水是美麗的。水靜止的時候，它如實反映事物本來的樣子，不扭曲事物。當我們懂得如何正念吸氣和呼氣，我們就可以安靜下來。我們變得平靜而安詳，就不再是妄想和誤解的受害者。我們有能力變得十分清晰，這就是我們內在的靜水。請拿起第三塊鵝卵石，看著它。這塊鵝卵石代表靜水。把它放在左手手掌，把左手放在右手上，開始用第三塊鵝卵石練習：

吸氣，我看自己是靜水；
呼氣，我如實反映事物。
靜水，反映。

吸氣、呼氣三次時，溫和地對自己重複這些。靜水在你的內心。你平和、清晰、寧靜。然後把鵝卵石放到你的右邊。

我想讓你畫的第四樣東西是空間。你可以畫天空、開闊的田野或飛鳥。畫空間時吸氣和呼氣。

孩子們畫完空間之後，說「我們需要有自己的空間來體驗自在和喜樂」。沒有空間，我們不能覺得喜樂平和。當我們看著桌子的時候，我們會想到它是木頭做的。如果我們進一步觀察，我們會看到桌子也是由很多空間組成。組成桌子的木頭其實只是很小的一部分。我們的身體、意識也是這樣。我們會以為自己僅僅由身體構成，但是如果我們進一步觀察，我們會發現自己也是由意識和其他因素構成。吸氣並且呼氣，我們認出自己內在有很多空間。當我們如此練習，培養自己的內在空間，我們會變得自在喜樂。

現在拿起第四塊鵝卵石。看著它，對它微笑。這塊鵝卵石代表空間。把它放在你的左手手掌上，把左手放在右手上，開始用第四塊鵝卵石練習：

吸氣，我看自己是空間；

呼氣，我感到自在。

空間，自在。

吸氣、呼氣三次時，溫和地重複這些。空間在你的內心。當我們培養自己內在和外在的空間感，我們可以給自己所愛的人提供這樣的接納和寬容。像月亮穿行美麗的夜空，不管在哪裡，我們都有獲得空間和自在的能力。沒有自在，就不可能有真正的喜樂。一旦我們觸及自身內在的空間，我們就自由自在。現在把鵝卵石放到你的右邊。

完成用第四塊鵝卵石呼吸之後，你也已經完成了十二次吸氣和呼氣。這是鵝卵石禪的結束，但如果你享受它，想繼續，你可以再次重複用這四塊鵝卵石呼吸。當你結束的時候，把鵝卵石放回你的袋子裡，向你的朋友鞠躬，並再次一起聆聽一聲鐘聲。

喚醒鐘，並邀請鐘聲。

一起吸氣和呼氣三次，讓我們看著彼此，微笑，因為我們一起完成了美妙的鵝卵石禪。我們相互鞠躬，站起來。

鵝卵石禪練習紙

材料：每個孩子一份練習紙、鋼筆、鉛筆、馬克筆或蠟筆

孩子們使用鵝卵石練習之後，邀請他們填寫鵝卵石禪練習紙，練習紙可以在Planting Seeds網站下載。如果想製作自己的練習紙，讓孩子們寫下那四組關鍵詞，每組詞下方有半頁空白。讓他們思考每塊鵝卵石代表具體的意思，並完成下面的句子。

花　清新

在＿＿＿＿＿＿＿＿的時候，

我覺得清新、充滿能量、欣喜和玩得開心。

（游泳、沖涼、小睡醒來、和朋友們一起玩、騎自行車）

山　穩固

在＿＿＿＿＿＿＿＿的時候，

我覺得穩固、強大、有信心。

（朋友覺得傷心，我可以給他支持；我運動方面表現很好；我幫助弟弟或妹妹）

水　反映

在＿＿＿＿＿＿＿＿的時候，

我覺得鎮定、平靜、安寧、專心。

（我在學校表現良好；我畫畫或寫作；我唱歌；我出去散步）

空間　自在

在＿＿＿＿＿＿＿＿的時候，

我覺得自在、輕盈並放鬆。

（我花時間和朋友或父母一起玩；我做最喜歡的活動；我奔跑下山；我盪鞦韆；我玩寵物）

每個句子和關鍵字下方，孩子們可以畫他們在做的那個活動。

製作鵝卵石禪修袋

材料：毛線、水彩或織物塗料、馬克筆、緞帶、織棉針、兒童剪刀、鈕扣、珠子和其他裝飾品；每個孩子一塊直徑約二十公分的柔軟、單薄且是白色或淡色的圓布片。（對於特別年幼的孩子，在布上做一圈小孔會有所幫助，每個小孔距離邊緣二公分半，孔與孔之間的相隔也是二公分半。）

孩子們學習了鵝卵石禪，收好了他們四塊鵝卵石之後，邀請他們製作放置鵝卵石的袋子。孩子們可以使用你手頭上的材料來裝飾他們的圓布片。如果你正在使用塗料或水彩，需要一點時間讓它們乾燥。當孩子們完成裝飾布料，向他們示範如何把毛線穿過小孔。當他們將毛線穿過了所有的小孔，給他們示範如何拉緊毛線，做出一個小袋子。當你完成練習鵝卵石禪，你可以讓孩子們把鵝卵石放到他們新的袋子裡，供下次你練習鵝卵石禪用。

全天禪修

引導禪修卡

可以從本書參考資源處（第二六七頁）剪下一份鵝卵石禪卡，或從Planting Seeds網站下載，或讓孩子們做他們自己的卡片。孩子們也許喜歡把卡片帶回家，和家人、朋友們分享，並使用它們來練習。如果你黑白複印了這些卡片，讓孩子們給它們填色。

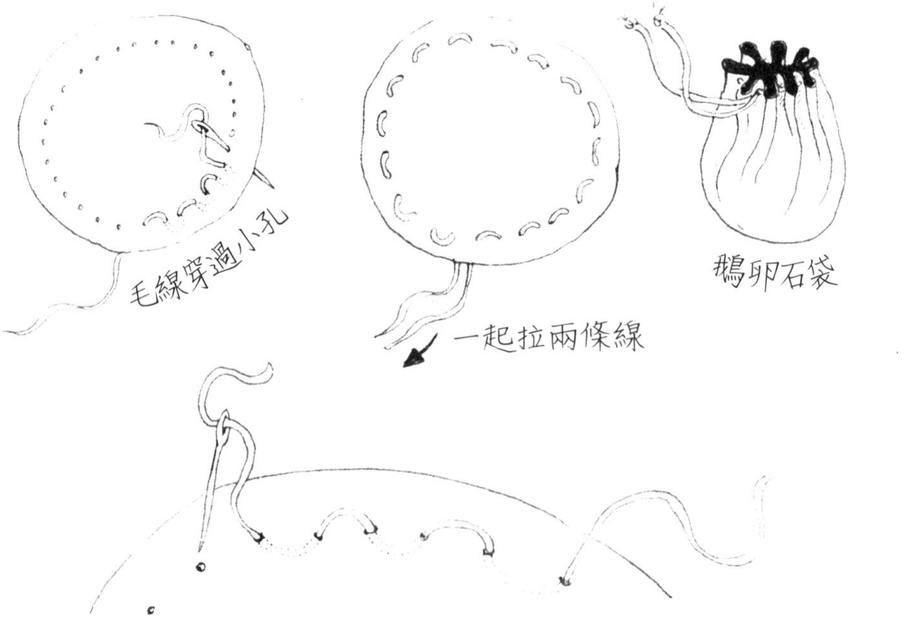

五指禪修——麥克・貝爾（Mike Bell），於英國

把一隻手的食指放在另一隻手拇指下方的手腕上。吸氣，將那隻食指滑向拇指背。呼氣，將那隻食指向下滑回拇指的另一邊。吸氣，將那隻食指滑向食指。呼氣，將那隻食指向下滑回食指另一邊。接下來，同樣用其他的手指練習。或者，你也可以在吸氣和呼氣的時候，僅僅用一隻手抓住另一隻手的每根手指。握住第一隻手指去關注吸氣和呼氣，然後用其他的四隻手指代表鵝卵石禪中的四種形象。

建立呼吸室

如果每戶人家都有一個用於練習鵝卵石禪的地方就好了。我們可以把它叫做呼吸室或禪修室。我們可能有不同的房間——客房、起居室、臥室、電視間，但是我們可能沒有一間房間是用於照顧我們的平和、我們的靈性生活、我們的神經系統。每戶人家都應該有個呼吸室。這裡是平和的地方，是你自己家中與佛陀同在的地方。

這房間是神聖的地方。你不需要任何傢具，也許有一些墊子，也許有一個佛壇或放著鮮花的桌子。如果你願意，你可以有一個小鐘幫助你練習正念呼吸。

如果一家人每天早晨在上課、上班之前，可以用一塊或更多鵝卵石來練習，那就很好。這是迎接一天的有力方法。每次你覺得難受時就去這房間，去佛陀的地方，走進淨土。坐下來，

聆聽鐘聲，恢復平和。

當你在禪修室中，沒有人可以再對你叫嚷——你擁有這個安全區，免受滋擾。當你聽到一位家庭成員邀請鐘聲，你知道他們在呼吸室中練習平和，你應該關掉電視，不發出聲音來支持他們。如果家庭中沒有足夠的平和，如果有人叫嚷或非常不安，你就在呼吸室恢復你的清晰，你清楚地知道要做什麼和不做什麼。家裡的每個人對於練習平和所做的貢獻都十分重要。

教室裡也可以有一塊安靜的區域做爲呼吸室。如果需要安靜下來、回歸自己，學生們可以到這裡來。這塊空間可以是由書桌圍出來的一個角落。可以有一些椅子，或者一塊毯子，歡迎大家坐下或躺下。

在德國，很多公立學校有這樣用於指導禪修的教室。孩子們躺在鋪有地毯的地板上，燈光調暗，用CD播放著平靜的音樂。在德克薩斯州奧斯汀市附近的瑪斯特學校（Master School），孩子們自己建造了戶外涼亭，稱之爲靜室。孩子們從家裡帶來舊椅子和長凳，並在地板上放置了枕頭。孩子們和工作人員去那裡休息、閱讀、小睡或平靜下來。你也可以在工作場所建立呼吸室。

年輕人的深度放鬆

壓力和緊張是我們很多人日漸增加的問題。隨著我們社會節奏加快，哪怕小孩子也受到越來越多緊張生活的影響。深度放鬆是一個讓我們身體得到休息、療癒和恢復的好機會。我們放鬆自己的身體，關注身體的每個部分，把我們的愛護和關注送給每一個細胞。

如果你難以入睡，深度放鬆很有幫助。醒著躺在床上的時候，你也許喜歡跟隨你的呼吸來練習深度放鬆。這樣可以幫助你入睡，哪怕你睡不著，這樣的練習也可以滋養你，讓你休息。

就如我們爲成年人提供深度放鬆的練習一樣，我們也有兒童版。這是一個我們可以一家人在呼吸室裡一起做的練習，或和朋友、同學在學校練習。你可以給孩子們讀出這些文本，或邀請幾個孩子輪流讀給其他孩子聽。大一點的孩子喜歡這樣做，而且可以做得很好。提醒他們讀慢一點，並且在每個句子後停頓。他們甚至會樂意給整個小組唱搖籃曲。你不必一定要使用這裡提供的整個練習，你可以專注於身體的幾個部位或身體的不同部位。請隨意修改練習，以適合你的需要。

♪ 第七首　給年輕人的深度放鬆

邀請孩子們躺下來，如果不行的話，用任何他們做得到的姿勢放鬆。慢慢讀出以下的練習。請省略任何對與你在一起的孩子不合適的部分。在照顧到身體各個部位後，在孩子們休息時唱歌或播放CD中第八到第十二首深度放鬆的歌曲。你也可以選擇播放CD中第七首〈給年輕人的深度放鬆〉(Deep Relaxation for Young People)。而第十三首則是〈深度放鬆結束〉(End of Deep Relaxation)。

♪ 第八到十二首 深度放鬆的歌曲

♪ 第十三首 深度放鬆結束

深度放鬆為我們身體提供了極好的休息機會。當我們的身體舒適、放鬆,我們的心也會安靜、平和下來。練習深度放鬆對於我們身心的治癒非常重要。請經常花一點時間來練習。你可以在一天中的任何時候練習深度放鬆——早晨醒來時,每晚臨睡前,或繁忙一天中用五到十分鐘的一個短暫休息時間。最重要的是好好享受它。

放鬆。閉上眼睛,雙臂輕放在身體兩側,雙腿和雙腳放鬆,自然地朝外。如果你的身體無法這樣做,請任意用你最舒服的姿勢,在你可以做到的任何姿勢放鬆。

你知道自己是一個奇蹟嗎?你整個身體就是一個奇蹟,從頭上的頭髮一直到你最小的腳趾都是。

從吸氣和呼氣開始。吸氣時，感覺腹部往上升；呼氣時，感覺腹部往下降。我們的呼吸如大海的波浪，非常放鬆，非常平和。就這樣呼吸，注意腹部的起伏。

吸氣、呼氣，感覺整個身體往下沉。感覺身體各個部位都接觸地板，包括腳後跟、小腿、臀部、背部、掌背和手臂、後腦勺。隨著每次呼吸，感覺自己越來越往下沉，沉到地裡，一切都放下，放下煩惱，放下恐懼，放下思慮，放下對未來的計劃。

吸氣，慢慢地感覺雙手。呼氣，讓雙手的肌肉完全放鬆。吸氣，感覺擁有這雙手是多麼幸運。呼氣，對雙手微笑。雙手如此珍貴！因爲有這雙手，你可以玩沙子、建沙子城堡。擁有雙手，我可以畫畫、素描、寫作；我可以修理東西、建造東西，或撫摸動物；我可以騎自行車、可以爬樹、還可以扔雪球；我可以和朋友握手，繫鞋帶；我可以幫忙做餅乾、春捲或蛋糕；我可以梳頭，還可以做很多很多別的事情。

吸氣，伸展雙手。呼氣，放鬆雙手。雙手是我的好朋友，隨時準備幫助我。

吸氣，慢慢地感覺雙臂。呼氣，讓雙臂完全放鬆。吸氣，爲擁有強壯的雙臂感到高興。呼氣，感覺雙臂緊張的肌肉完全釋放，雙臂的每個細胞都喜悅自在。擁有雙臂，可以擁抱父母和祖父母；擁有雙臂，可以盪鞦韆、游泳、玩橄欖球；擁有雙臂的幫助，可以側手翻、收拾垃圾、抱小貓。現在，有機會對雙臂說：「謝謝你。」它們爲我做了這麼多事情。

吸氣，伸展雙臂。呼氣，讓雙臂休息，完全放鬆。對我這兩位好朋友微笑。

吸氣，慢慢感覺雙肩。呼氣，讓雙肩好好休息，重量都落在地板上。吸氣，把愛傳送給雙肩。呼吸，對雙肩微笑。感謝雙肩的力量。每次呼吸，都覺得雙肩越來越放鬆。

吸氣，慢慢感覺雙腳。呼氣，對雙腳微笑。擺動全部十隻腳趾。擁有雙腳多麼美妙！擁有雙腳，我可以走路、跑步、運動、跳舞、騎自行車。步行在海灘上的時候，雙腳多麼喜歡踏在暖沙上的感受；下雨的時候，雙腳多麼喜歡在小水坑濺起一片水花的感受；在公園或遊樂場，雙腳喜歡奔跑跳躍，喜歡蹦蹦跳跳地走。累了的時候，雙腳也喜歡休息。謝謝你，雙腳！

吸氣，伸展雙腳和腳趾。呼氣，放鬆雙腳。我覺得擁有雙腳是如此幸運。

吸氣，慢慢感覺右腿和左腿。呼氣，因爲雙腿而感到愉快。從小時候到現在，雙腿每天都在成長。它們此時此刻還依舊在成長、改變。成長中的雙腿幫我站直，每天都長高一點。擁有雙腿，可以盤腿而坐或劈一字腿；可以玩足球，可以踩高蹺；可以爬樓梯，可以下樓梯，可以走路上學放學，我已經用雙腿走了好多好多路！我感覺擁有雙腿是如此美好。

吸氣，伸展雙腿。呼氣，讓雙腿放鬆。雙腿是一個奇蹟，它們一直爲我而在。

吸氣，慢慢感覺雙眼。呼氣，對雙眼微笑。吸氣，雙眼周圍的肌肉全部放鬆。呼氣，把愛和關注傳遞給雙眼。擁有雙眼是多麼好的禮物！擁有雙眼，我可以看。可以看見你，可以看見自己，可以看見小鳥在明亮的藍天飛翔，可以看見黃黃的月亮爬上高空，可以閱讀、寫作，還可以看電視，可以觀察螞蟻，可以做長除法。感到悲傷時，我哭泣，讓眼淚流淌。雙眼是心靈的窗户，讓內心的一切都顯現出來。

吸氣，閉緊雙眼。呼氣，放鬆雙眼，讓它們休息。謝謝你，雙眼，讓我能夠看見；我周圍有這麼多美好的事物可以欣賞。

吸氣，感覺肺部變大。呼氣，感覺肺部變小。

吸氣，很開心擁有兩個良好的肺部。呼氣，友善地對肺部微笑。肺部是這樣的不可思議。它們不分白天黑夜的幫我吸氣、呼氣，哪怕我睡著了。它們把氧氣帶到我的身體裡，讓我有力氣說話、唱歌、叫喊、低語、傻笑和發牢騷。出生時，我做的第一件事就是深深吸氣。從那以後，肺部一直幫助我呼吸，每一天，每一分鐘。

吸入清新的空氣到肺部，然後呼出，讓肺部休息放鬆。謝謝肺部一直幫我呼吸！

吸氣，我知道心臟在胸口內跳動。呼氣，擁有心臟是如此美好，我讓心臟休息。

隨著吸氣，把愛傳送給心臟。隨著呼氣，對心臟微笑。心臟讓我能夠活著，一直爲我存在，每一分鐘，每一天，從未休息。從我在母親子宮裡四個星期大時，它就開始跳動了。這是多麼偉大的器官，讓我可以在每天做每一件事情。吸氣，覺察心臟是多麼愛我。呼氣，承諾會照顧好心臟，用讓它更健康強壯的方式好好活著。隨著每一次呼吸，感覺心臟越來越放鬆，讓心臟的每個細胞都輕鬆喜悅地微笑。（在這裡唱一首歌或彈一段音樂）

吸氣，慢慢感覺腸胃。呼氣，讓腸胃放鬆。隨著吸氣，感覺擁有腸胃多麼美好。隨著呼氣，對腸胃微笑。腸胃每天都不停工作。腸胃每天都消化我所吃的食物，給我提供能量和活力。現在，讓腸胃完全休息。

隨著吸氣，感覺腸胃如此歡喜輕鬆。隨著呼氣，感謝腸胃一直支持我。

現在，我把注意力轉移到身體某個有疾病或感到疼痛的部位。花點時間感受它，把愛傳遞給它。吸氣，讓它好好休息。呼氣，善意地對它微笑。試想身體還有其他堅強而健康的部位，讓強壯的部位把能量傳遞給這個脆弱或生病的部位。感覺來自身體健康部位的支持、能量和愛進入脆弱的部位，撫慰它、治療它。

隨著吸氣，感覺我的身體是一個奇蹟，因爲生病時可以把病給治好。隨著呼氣，放下身體裡所有的擔心和恐懼。

吸氣，呼氣，以愛和信心對生病的部位微笑。

吸氣，感覺整個身體平躺下來。呼氣，享受整個身體躺下來的感覺，非常放鬆，非常平靜。吸氣，對整個身體微笑；呼氣，把愛和慈悲傳遞給整個身體。感覺整個身體裡的全部細胞正與我歡欣地微笑。感激整個身體裡的每個細胞。感覺腹部柔和的起伏。

現在，深度放鬆的練習就到此爲止。你可以輕輕地移動雙手和雙腳，緩緩地伸展。然後轉向一側，坐起來。當你準備好了，可以睜開眼睛。慢慢地起身，平和而緩慢。試著將剛才所凝聚的平靜和正念帶到日常生活中，讓自己一整天都保持這樣的能量。

瀑布放鬆禪 ②

你可以在孩子們禪修之前，給他們講下面這個故事，幫助他們學習放鬆。

一座帶著白光的美麗瀑布在你身上流淌。它流過你的腦袋，幫助腦袋放鬆。你感覺腦袋在放鬆。光的瀑布沿著你的脖子和肩膀流下。脖子和肩膀正在放鬆，釋放它所承受的所有緊張和壓力。現在瀑布流到了你的雙臂。你感覺雙臂也在放鬆，雙臂無所牽絆。瀑布流過你的背部。背部正在釋放壓力，感覺放鬆。瀑布流過你的胸部、胃部，幫助胸部、胃部放鬆。感覺胸部、胃部十分放鬆，釋放所有的憤怒、傷害和悲傷。瀑布流向你的雙腿雙腳，你感覺雙腿雙腳放鬆、休息。帶著白色光芒的美麗瀑布流遍你的全身。你非常平和、放鬆。就在這光的瀑布中停留一會兒，感覺它放鬆了身體，療癒了身體。

Q&A

孩子的問題和答案

每次禪修營中，一行禪師都會有一個問答環節，在此期間任何人都可以走上臺來，向他提

② 來源：www.buddhanet.net

問。通常孩子們和青少年會先提問。下面這個問題來自問答環節。

孩子提問：親愛的一行禪師，你每天練習禪修多久，其中禪坐幾個小時？行禪幾個小時？

一行禪師：只要我坐著，就是禪坐。無論我是蓮花坐、半蓮花坐還是正坐，都是禪坐。我不是一個好的數學家，不擅於計算。我是這樣練習的：任何時候我坐著，就是禪坐。我希望安靜而平和的坐著。在開示佛法中，雖然我必須說話，但我也在禪坐。我安穩、平和地坐著。並非只是計算你在禪堂坐著才是禪，在任何地方坐著都可以是禪坐。坐在草地上，坐在山丘上——任何坐著的時候都是禪坐。

任何時候你的腳接觸大地，任何時候你從一個地方到另一個地方，你都可以練習行禪。在梅村我們建議大家這樣做。我們並不是每天行禪一個小時或一個半小時，而是一整天。任何時候只要走路都應該是行禪，因爲相對於不自覺的走路來說，它帶給你喜悅、寧靜。同時，我們也不建議走路時說話，因爲我們要把自己完全投入到走路中。每走一步都百分之一百的投入，這樣你才可以產生穩定與平和的力量。如果你說話，你就沒有那麼多的能量來走路了。如果你需要聽別人說話，你就停下來，百分之一百的投入傾聽。

在梅村的練習並非只是一天中有某段練習時間，而是嘗試全天練習。無論你在煮飯還是洗衣，你都跟隨呼吸。如果你正念做事，那已經是禪修了。在梅村我們練習不斷的禪修，我們想以放鬆的方式做每一件事。開車、講電話、洗碗碟——我們平和地做每件事。我們把每件事都看得和禪坐一樣重要。每件事都是讓我們享受的。

緩慢行走[③]

小組圍坐成一圈。讓我們一起來練習更加覺知我們自己的身體是如何美妙地運作。排成一圈，開始在房間裡順著圈子向前移動。像平常一樣正常移動，但關注身體的動作。圍著圈走幾次。

慢下來，花兩、三分鐘繞著房間移動。感受腳踩在地上的感覺，手臂搖擺的感覺，所有東西在一起的感覺。

現在，盡可能緩慢的移動身體。每踏出一步都花很長的時間。感覺為了踏出這一步而移動的所有肌肉。這樣做三、四分鐘。現在就地停下來、放鬆，做幾次呼吸。

③西蒙與舒斯特公司（Simon & Schuster, Inc.）授權轉載，節選自蓋伊．亨德里克斯（Gay Hendricks）和羅素．威爾斯（Russel Wills）的《集中課本：兒童、父母和教師的覺醒活動》（*The Centering Book: Awareness Activities for Children, Parents, and Teachers*，Copyright ©1975 by Prentice-Hall, Inc. All rights reserved.）。

正念走路④

以下練習將幫助孩子們覺察身體在不同處境中的感受，也幫助孩子們瞭解身體如何傳達他們的感受。

想像在雪中，留下深深的足跡。想像走在薄冰上，非常小心，以免弄破薄冰。想像每次腳步落下和抬起，都有一朵美麗的蓮花在地上盛開，所以你所到之處都留下一條蓮花足跡。

像匆忙的生意人一樣走路；像一個長滿毛的野獸；像一個氣球；像一個士兵；一個竊賊；一個機器人。想像你帶著皇冠，穿著斗篷。想像你頭頂著一桶水。想像你在趕路。看看你的動作會怎樣改變。

想像走在一個環境優美的場合，感覺非常放鬆，非常喜悅。想像走在一個黑暗的巷子裡，聽到噪音，感覺害怕。想像你離家一週之後，重見家人又是怎樣的感受？

大步走，小步走。穿過大雪；走過洶湧的河流；穿過踏腳石；穿過浪花；穿過沙漠中的熱沙；走在鋼絲上；像貓一樣；走在索橋上；使用金屬義肢；像一個孩子；像走在熱炭上；像在溜冰；像一個害羞的人；像一個自信的人；像大象；像一個老人。現在慢慢地走，盡可能感覺走路時的每一個動作。注意腳後跟，然後注意腳掌如何接觸地面。抬起並慢慢移動另一隻腳。看看你能否感覺自己如何保持平衡。每一步都讓身體放鬆，把重量都放在踏在地上的腳上。深呼吸。現在，抬起腳時吸氣，放下腳的時候呼氣。繼續這樣走路一分鐘。

你可以給孩子們播放〈行禪〉（Walking Meditation）這首歌，並教導他們練習。

♪第十四首 行禪

學員對於行禪的分享

「我學會了如何釋放壓力。」

「我想在考試前慢慢走一會兒。」

「走路的時候，我想放慢速度，放鬆下來，以便感覺周圍環境。」

④來源：菲奧娜．克拉克（Fiona Clarke）和各種戲劇遊戲書籍。

每天開始和結束的時候傳達祝願

材料：鐘、鐘槌、蠟燭、香枝和火柴

（如果房間通風狀態不好，或有人過敏，你可以用一朵花或一塊鵝卵石代替。）

每天開始和結束的時候，班級或小組聚集在一起，不止對孩子們有益，對照顧他們的大人也有益處。我們可以有新的機會用最好的方式開始一天，又可以在一天結束時，回到更加平和的狀態。我們可以幫助孩子們培養更多的省思能力，回到自身溫暖而明亮的內在。

邀請一聲鐘聲。在一天開始或結束時，你可以練習以下禪修：

讓自己安坐在座位上，使自己完全回到當下時刻。在此刻的寧靜中，感覺到自己的內在最溫暖、最有愛和空間的部位。可能在心中；如果是這樣的話，把一隻手或雙手放在胸口。可能在頭腦裡；如果是這樣的話，用一隻手或雙手輕輕捧著你的頭。也可能是身體其他地方，那麼把一隻手或雙手放到那裡。真正把注意力放在你感覺到愛、溫暖和空間的部位。

感覺從這內在空間自然升起的願望，聆聽這些願望自發的聲音。這是什麼願望？是祝願你所愛的人嗎？是祝願不止一個人嗎？是祝願某個你不喜歡的人嗎？是祝願你自己嗎？是祝願其他生命形式，比如動物、植物或礦物嗎？

這時候問問有沒有孩子願意和小組分享他們的願望。孩子可能會希望世界和平，或父母幸福，或與兄弟姐妹相處好。現在請一位自願的孩子點燃蠟燭，這代表了傳遞願望的光和熱，並請另一位孩子點燃一支香，這代表了願望的芬芳和美好。

當香點燃之後，邀請鐘聲，這樣整個小組可以用光、熱和芬芳傳送願望。一起唱誦〈願日夜都好〉（趣味版）（May the Day be Well）來結束。

♪ 第十五首 願日夜都好（趣味版）

分享

禪修如何幫助了我

——珠嚴法師（Sister Jewel）對基婭拉（九歲）和謝納（十一歲）的採訪，於德國歐洲應用佛學院。

你會如何描述正念練習？

基姬拉：這個練習像一種放鬆，但其實是感覺你怎樣呼吸。就好像當你向上帝祈禱時，就好像是對著佛陀禪修；你是透過聆聽你的呼吸向佛陀祈求。當我們聆聽鐘聲的時候，就好像聆聽我們自己的呼吸。我們停下來是因為佛陀說：「停下來，傾聽你的呼吸。」我就是這樣和朋友們分享的。

當我停下來聽鐘聲的時候，感覺更加放鬆，但有時候我不能老是停下來。就像我們在學校聽到上課鈴聲，我們就得去上課。有時候我在跑步的時候聽鐘聲。我經常傾聽自己的呼吸，哪怕沒有鐘聲。我喜歡聆聽自己的呼吸，因為這有助於我慢下來，如此等等。如果你害怕了，你需要停下來，它會提醒你。

你禪修嗎？

基姬拉：我不累的時候會嘗試禪修，並在禪修時努力保持清醒。有時候，僅僅呼吸、什麼也不想挺好的。但是，有時候我坐不住，我會想其他事情——比如怎麼過除夕夜、我可以跟朋友這樣說嗎？

當我禪修時，呼吸總是讓我覺得清新。每秒鐘我都在禪修。當我聽老師上課的時候，我保持靜止，我不會到處跑。當我做數學題時，我會抽時間呼吸（因為我的腦子都滿了），然後再查看我的作業。你需要讓一些事情慢下來。有時候，人們會說「快點，我們必須要做完。」但最好還是呼吸，因為呼吸可以讓你想得更多。

你覺得正念讓你變得更聰明了嗎？

基婭拉：正念會讓你變得更聰明，因為你有時間把事情重新思考一遍。

練習之後，你和姐姐的相處有所改善嗎？

基婭拉：現在，她和我相處好多了，但有時候我還是會生氣。我脾氣壞且很容易生氣。這就是為什麼我喜歡呼吸和停下來，因為我常常覺得很對不起那些被我大喊大叫的人。我不是有意的，但我控制不了。如果事情不是我設想的樣子，我就會先生氣，然後才思考。但是現在，我會在生氣之前先思考。

怎麼做的？

基婭拉：大意是先思考我為什麼會生氣，因為有時候我會無緣無故發脾氣。所以我問自己「我為什麼會生氣呢？這樣大發脾氣是很愚蠢的事情。」這幫助我平靜下來。

有時候，我覺得我需要沒由來的大喊大叫。我並不想這樣。這對我不好。我媽媽想幫我，她笑，也逗我笑。她說「再笑一笑，我想看你的笑臉！」她幫我度過難關。

你會如何描述正念練習？

謝納：在動畫片裡，人們飄浮起來等等，但這並不是真正的禪修。禪修是進入自己的內在，和自己在一起，認識你身體的需要。或另一些練習——例如為別人祈禱，希望別人過得好。

你曾幫助過朋友們練習嗎？

謝納：有，可能吧。我注意到孩子們越大越容易有情緒。有一次，我朋友對另一個朋友很生氣。她生氣的時候，為了幫她，我會和她一起在籃球場散步。我們不怎麼說話，我們只是走路。我不知道她在想什麼——也許是她生氣的那個人吧，但我看著我的腳，想著她和她生氣的人。我把祈禱傳遞給她們，希望她倆感覺好些。有時候我讓她一個人待著，因為有時候獨自待著一會兒是有好處的。

通常這樣之後，她都會感覺好些。她會道歉，或她又開始和我們一起玩。你能夠感覺她在道歉了，哪怕她沒有說出來。

你和妹妹怎樣一起練習？

謝納：吵架的時候，我們回到各自的床上。她整理她的房間，我坐下來閱讀。我們會彼此避開，並且呼吸。或她出去吃早餐。我呼吸三次，然後做點什麼，或我嘗試道歉。我想她也有關注呼吸。至少她注意到了，但我不肯定，畢竟我在房間的另一邊。

6 加強彼此以及與地球之間的聯繫

如果你種植了玉米種子並照顧它，那麼幾週之內，它會發芽、長大。現在，想像一下，你俯下身來和這棵年輕的植物對話，你問它：「我親愛的小玉米，你還記得自己曾經是一顆種子嗎？」如果它會說話，玉米植株可能會說，「我，玉米種子？我不相信！」玉米植株已經完全忘記了她曾是一顆種子。所以，你告訴她，「親愛的玉米植株，我知道。是我在這裡種了你。我很清楚你曾經是一顆玉米粒。我每天給你澆水，有一天你發芽了，然後你長出第一片葉子。」試想你這樣和年輕的玉米植株描述她曾發生了什麼，那麼也許她會想起自己從哪裡來。

我們也和玉米植株一樣。母親懷了我們的時候，你和我，我們都非常小，比玉米種子還小，但也是一顆幼小的種子。這種子之中同時包含我們的父親和母親。我們是父親和母親的延續，可我們中並沒有多少人記得這點。受孕之後，種子很快地增加和成長。受孕後第一個小時，它增加成一千個細胞；接下來，我們繼續這樣慢慢長大。在母親的子宮裡，我們多數人過得不錯。溫度適宜！我們生活在非常柔軟的地方，四周有水環繞，我們自由飄浮，非常舒服。母親爲我們呼吸、爲我們飲食、爲我們微笑。

我們什麼也不用做，僅僅享受著美好生活。在越南，對於子宮我們有非常美麗的描述：孩

子的宮殿。我們在那兒九個月，無需擔心任何事情。那兒沒有擔憂、沒有恐懼、沒有欲望——那兒是天堂。

可我們一出生，情況就完全改變了。我們透過臍帶連接到母親，它為我們輸送可以滋養我們的氧氣和營養。我們出生時，臍帶就被切斷，我們得靠自己活下來。這不僅很困難，而且也很危險，因為母親不再替我們呼吸了。我們必須自己呼吸。因為我們的肺部有積水，所以這十分危險。我們必須用力清空積水，才能開始第一次吸氣。只有我們可以吸氣，我們才知道自己可以活下來了。我們一直都害怕自己不能活下來。這是我們第一次經歷恐懼。

離開了母親，我們自己什麼也不會做，必須有人照顧我們。我們自己做不了任何事情。雖然我們有手有腳，但我們不知道怎麼用它們。我們必須依靠母親或父親。同時，我們開始覺得恐懼。伴隨著原始恐懼的是活下來的欲望。這是我們最初的願望。隨著我們長大，我們有其他的願望，但每個內在願望都僅僅是我們最初願望的延續，即「活下來」的願望。

我們的行為就像玉米植株一樣。我們不記得我們曾經在母親的子宮裡。我們得知自己曾是一顆小種子時，感到非常驚訝。我們可能並非完全忘記了，但我們幾乎忘記了曾如此舒服地住在孩子的宮殿裡、在天堂裡的那段時間。如果你時不時懷念天堂中的時光，你便知道自己還未完全忘記在天堂中的九個月。

有件事情我們應該記得。我們從非常幼小的種子開始，而這種子是我們父母與所有先人的延續。就像玉米植株是玉米種子的延續。

我們是父母的延續。這是事實。如果我們認識到玉米植株是玉米種子延續的事實，我們也必須承認這樣的眞理：我們是父母或照顧我們的人的延續，不管他們是否和我們有血緣關係。這樣做可能會有所幫助：走到你父親身邊，看著他，對他說類似這樣的話：「爸爸，你知道我是你的延續嗎？」事實上，當你是某人或某事物的延續，你就不是一個和他完全不同的個體。那年輕的玉米植株不能說，「我不知道玉米種子。我和玉米種子完全不一樣。」這不是眞的，因爲玉米植株來自玉米種子。她是與玉米種子相關的植株。雖然她長得不像玉米種子，但不管怎麼樣，她也是玉米種子的延續。

當一個小女孩對她的父親生氣時，會發生什麼事呢？她其實是在對自己生氣，因爲她是她父親的延續。當我們開始禪修，我們意識到父親在我們之內，在我們身體中的每個細胞之內。吸氣，對我身體內每個細胞裡的父親打招呼；呼氣，對我身體內每個細胞裡的母親微笑。事實上，我身體裡的每個細胞包含著我父親、母親和祖先的存在。我只是一種延續。我對母親生氣時，其實有點像對自己生氣。我們不能說你和你母親是兩個不同的人。但我們也不能說你們倆是同一個人。你和父親不完全是同一個人。但你也不完全是另一個人。這就是「不一不異」。這是佛陀的教導。

當我們翻看家庭相冊，看到自己是一個五歲小孩時，我們會問自己：「我和相冊裡這個孩子是同一個人嗎？」現在的我們三十歲或四十歲，我們和相冊裡的小男孩或小女孩看上去如此不同，很難相信我們是同一個人，但事實上我們是這個小男孩或小女孩的延續。現在我們的身體不一樣了，現在我們的感受、認知不一樣了，但我們來自那個小男孩或小女孩。如果有人問你，你和那個小男孩或小女孩是不是同一個人了？你會說，「好吧，因爲看上去不同，感受也不同，所以我覺得不完全是同一個人了。但也不是完全不同的人，因爲我來自他或她。我是他們的延續。」這就是佛陀所說的中道——不是同一個人，也不是完全不同的一個人。這就是「不一不異」的教導。我們應該花點時間和父母談談這些。事實上，當你對父親生氣的時候，你其實是在對自己生氣。我們不可能將父親或母親從我們自己當中去除。這就是爲什麼我們要練習與自己內在的他們和好。

有個年輕人對自己的父親非常生氣，他宣布，「那個男人，我不想和他有任何關係！」但他無法把父親從自己身體裡去除，這不可能；他是父親的延續。我的母親是我自己，這是事實。我的父親也是我自己。我不可能是一個與我父母完全不同的人。佛陀一直這樣提醒我們。所以，每次你和父母不開心的時候，再想一想。深入觀察，嘗試用佛陀教導的智慧來解決問題。「不一不異」是佛陀非常深刻的教導。

你也許想聆聽並學習唱一首歌，這歌叫做〈灌溉喜悅的種子〉（Watering Seeds of Joy）。這首歌幫助我們看到自己是父母和祖先的延續。這是我寫的一段詩句，我的學生們譜成了曲。

這首歌是這樣開始——

♪ 第十六首 **灌溉喜悅的種子**

母親，父親，他們在我之內，
並且我看到，我也在他們之內。

滋養慈悲和社群

家庭的重新開始儀式

材料：鐘和鐘槌，一瓶花

在禪修營裡做這個練習。儀式的前一天我們會邀請孩子們給照顧他們的人製作卡片，寫下所有自己如何感激他們、愛他們的事情，並裝飾卡片。他們將在「重新開始」的儀式中獻上卡片。我們也提前告訴家長，他們來的時候應該準備好他們從大自然裡找到的一些物品。這些物品代表了他們的孩子所擁有的美好品質。他們欣賞孩子這些美好的品質。

這種美好的練習讓家長和孩子相互感激。一個四歲的小男孩謝謝他媽媽在家總是把髒碗洗乾淨。一位成年人對孩子表達感激的時候，對每個孩子跪下以表示尊敬。這樣的環節使在場每個人都覺得非常喜樂和感動。

如果時間允許，讓孩子們爲家長們準備一些特別的食物，在儀式開始時享用。如果沒時間，可以精心準備一盤餅乾。在儀式開始的時候，花幾分鐘安靜的傳遞餅乾，在靜默中享受餅乾。

這個安排就像成年人的「重新開始」練習（見第三章）。我們圍坐成一圈；多數孩子選擇坐在他們的家長身邊。在圈中央安置一個花瓶或一些簡單的布置。考慮到孩子們也會上前拿花朵，所以最好布置小一點的、孩子們容易拿的花朵。

我們可以從一首歌開始，當每個人都坐穩、孩子中的一員邀請三聲鐘聲，然後我們開始簡短但完整的講解「重新開始」的練習。

講解要點

- 「重新開始」的練習主要用於表達我們對所愛之人的感激，也表達我們對自己所犯錯誤的歉意。如果我們不經常表示感激或表達歉意，我們的關係會停滯下來。隨著傷害在不斷累積，溝通將變得困難。當我們的美好、天賦和才能都不被欣賞或滋養的時候，我們不再感到清新或歡喜。我們需要定期做這練習，一般來說一週一次。週五晚上是很好的練習時間，這樣我們可以一起歡度週末。

- 我們把表達感激稱爲爲他人「澆灌花朵」，因爲我們每個人都有自己內在的花朵——我們的清新、幽默、歡喜和自在。我們需要幫助澆灌和維持我們所愛之人的花朵清新。通常只有事情出錯的時候我們才說話，但是我們卻很少注意到每時每刻發生了這麼多美好的事情。我們的孩子很健康，我們的伴侶在幫忙處理家事。我們不應該只在出錯的時候抱怨，而應該花時間說出每一件我們感恩的事情。當我們的花朵得到定期的灌溉，我們也更容易接受有建設意義的批評，也更願意爲了更妥善地維護家庭而修改自己的行爲。
- 分享這樣的練習如何有助於滋養我們所愛之人的積極和樂觀。當一個人的花朵得到澆灌，我們會覺得每個人的花朵都得到澆灌。
- 講解結束之後，主持人可以先爲每個人示範如何澆灌花朵。

如果孩子們願意，請他們朗讀卡片上寫給大人的話；如果不願意，他們可以僅僅獻上卡片。當所有的孩子們都分享完，大人們可以送上他們從大自然中帶來給孩子的物品，用來代表孩子們的美好品質。

如果時間允許，你可以再做一輪，邀請大人分享他們可以做些什麼爲家庭帶來更多的歡喜。這是用積極的方式，表達你的歉意和做得更好的決心。有些大人會分享說，他們希望少一點工作，這樣可以有更多的時間陪著孩子；或他們希望更耐心、更好的照顧自己，這樣他們就不那麼易怒，不那麼容易生氣了。有些大人會分享說，他們希望更加的肯定孩子，給孩子更多的空間去做他們自己。然後，孩子們可以分享，他們往往會分享非常有趣、更加具體的決心。有些孩子會分享說，在被要求做事情的時候，他們會更努力地傾聽，不再讓大人重複十遍再動手；有的會因爲自己對兄弟姐妹不夠友好表達歉意，他們願意多分享，少爭執。

如果參與者覺得沒問題，那麼在朋友和家庭成員之間用擁抱禪來結束「重新開始」的練習是非常好的方法。

擁抱禪

站在家庭成員的對面。看著他或她的眼睛。（如果大人太高了，他們可以跪下來。）合掌，相互鞠躬。緩緩，溫柔地擁抱。在彼此的懷中呼吸三次。第一次呼吸，我們意識到自己活著。第二次呼吸，我們意識到對方活著。第三次呼吸，將對方擁抱在懷中我們感到歡喜、感恩。彼此望著。合掌，並再次相互鞠躬。

澆灌花朵

材料：彩色筆、鉛筆或記號筆；每個孩子都有一大張畫了花朵的圖畫。這花朵中間是一個圓圈，花瓣的數量和在場的人數一樣。

圍坐成一圈，每個孩子在花朵中心寫下自己的名字。然後，他可以在一片花瓣上寫下他喜歡自己的品質或事情。如果有的孩子寫不了很多的話，鼓勵他們在花瓣上畫畫，或讓大人幫他們謄寫。

每個人把他們的畫傳給左邊的人。然後每個人填寫旁邊的一片花瓣，在花瓣寫下這個人的好品

質。活動結束的時候，每個人應該都有一朵由小組中所有人一起貢獻的花，寫滿了自己的好品質。你也可以用太陽的光芒來進行同樣的練習，這光芒代表了孩子們的力量。每個孩子畫一個太陽的圖案，太陽有巨大的光束。在中間放一個孩子的照片，或讓他們畫上自己的臉。他們在澆灌花朵中所受到的讚美，可以讓他們用簡短的話寫在太陽光中。

你也可不用畫畫來做這個練習，僅僅給孩子們一個機會去澆灌在座圈中彼此的花朵。他們可以相互稱讚、感謝或注意其他孩子的正面特質。德國有一位五年級的老師，給班上每位同學一張表格，這表格的左側單元欄寫滿全班學生姓名（也包括她自己！）。每個同學爲班級裡每一個其他人寫一句讚美的話。然後，她收回這些表格，小心地裁剪，把同一個學生的所有正面品質黏在一張紙上，並交給他們。這需要花費很多時間，但是她注意到這之後班級氣氛有了極大的改善，變得更加溫暖和開放。

你可以用大家坐在一起唱〈親愛的朋友〉（Dear Friends）來結束澆灌花朵或「重新開始」的練習。

♪ 你可以到 www.plantingseedsbook.org 來學習這首歌。

接觸我們的佛性

我們知道佛陀活在我們每個人之內。當然這不是說那個生活在很久以前的佛陀，而是佛陀的本性。佛性存在我們每個人之內。你覺得佛性是怎麼樣的？

（歡喜、慷慨、慈悲、和藹、慈愛、開放、自在、有耐心，等等。）

如果孩子們需要幫助以想起美善品質的話，你可以這樣建議：想像一位你非常愛的人。你有沒有在那人身上看到佛性？那個人是怎麼做的？那個人如何為你顯現她的佛性？

在我們所愛的人身上，往往容易看到佛性。但每個人都有佛性，哪怕是我們以為自己完全不喜歡的人。想一想你非常不喜歡的人。你有沒有在那個人身上看到哪怕只是一點點佛性？

看上去是什麼樣的？

（那個人曾微笑；那個人曾對我朋友說好話；那個人喜歡我的貓。）

為什麼記得尋找我們自己的和我們遇到的每一個人的佛性這樣重要？

（這樣我們可以愛自己，也愛其他人；所以我們歡喜也讓他人歡喜；所以我們都可以平和相處。）

讓我們來學習一首歌，這首歌是關於我們注意到朋友的佛性時有何感受。一起唱——

親愛的朋友，親愛的朋友，讓我告訴你我的感受。

你給了我這麼多珍寶，我非常愛你。

你覺得，我們在歌中所提到的珍寶是指什麼？會不會是我們朋友的佛性？當朋友為我們顯現出他們的佛性時，我們有何感受？

（我們愛她；我們覺得歡喜；我們覺得感恩。）

有什麼可以幫助我們的佛性變得堅強、更加美麗？當你坐下，並正念呼吸；當你正念走路，並正念飲食，你是否覺得自己的佛性更加活躍？讓我們再次唱這首歌。

注意：當孩子們學會歌詞之後，分兩組或三組輪唱會很有意思。

這首歌是表達你對朋友或家庭成員感激的好方法。什麼時候你會想唱這首歌呢？

（當我哥哥不打我的時候；當媽媽爲我準備的飯盒使我驚喜的時候；當爸爸給我講故事的時候；當祖母寫了一首歌給我的時候；當我朋友讓我玩他的滑輪鞋的時候。）

鞠躬

材料：彩色簽字筆

鞠躬是一種深層溝通的方式。鞠躬可以意味著打招呼、感謝、再見或對不起。但鞠躬並非僅僅是禮貌的方式，而是認出並尊敬我們每個人的佛性或覺醒本性的方式。我們的雙手（在我們心臟的高度）恭敬合掌，成為一朵美麗的蓮花。然後我們看著對方的眼睛，我們會鞠躬並且微笑。吸氣時，我們默念「送你一朵蓮花」；呼氣時，「未來的佛陀！」我們彎腰鞠躬。然後我們站直，看著對方的眼睛。且微笑。這樣給對方禮物是不是很簡單？和朋友一起練習吧。

給每個孩子時間對朋友鞠躬。

除了蓮花，你可能想要給朋友或家人其他東西。也許你會合掌，看著對方的眼睛，說「送你一個蘋果，未來的佛陀！」或「送你一個陽光燦爛的日子，未來的佛陀！」或「送你一個微笑，未來的佛陀！」然後鞠躬。

給每個孩子足夠的時間與其他孩子、與你練習鞠躬，他們可以選擇「給你」任何禮物。

對某人的佛性鞠躬時，你有什麼感覺？

（歡喜，好像我澆灌了朋友歡喜的種子。）

某人對你鞠躬時，你有什麼感覺？

（歡喜，感恩，感受到愛。）

可以的話，請與你的家人一起練習鞠躬。

邀請孩子們在每個手指上用彩色簽字筆畫上簡單的面孔。「手指人」也可以恭敬地練習鞠躬。手指人也可以和其他人對話或唱歌。

第二身系統①

我們告訴孩子們我們怎樣有了自己的身體，但是現在，透過第二身系統，我們可以有第二個身體。我們會像關心自己一樣關心小組裡的另一個人。我們充滿關心和慈愛的照顧我們的第二身。如果我們出去玩或去讀書，我們會想確認我們的第二身也到了，沒有落在後面。班級一起去任何地方之前，老師都可以發起一個「第二身檢查」——讓孩子們檢查他們的第二身。如果第二身不在的話，學生應該告訴老師他在哪裡（也許在洗手間，或生病了等等。）用這樣的方式，每個孩子都習慣了承擔照顧其他孩子的責任，同時也受到其他人的照顧。

如果我們的第二身不開心、生病或有麻煩，我們嘗試幫助她或請其他人幫助她。如果我們的第二身沒有來上課，我們嘗試幫助她趕上錯過的課。我們也可以不時做點小事讓我們的第二身開心，比如和她分享一些美好的東西、表達我們的欣賞，或帶她參加我們的遊戲。這可以使得課堂氣氛更像一個家庭。

我們照顧其他人，但是第三個人也照顧我們。我們有第二身，然而我們也是其他人的第二身。我們組成一條鏈，這樣每個人都有人照顧著。如果你的第二身生病或要缺席一段時間，那麼你也要負責他的第二身，這樣就沒有人被遺忘。（如果你願意，你可以稱這個練習爲守護天使。所有孩子都有要保護的人，也受到自己守護天使的保護。）很多時候，這個練習幫助我們防止有人掉隊。只要孩子們認眞練習，它可以成爲相互聯繫中非常有用的一課。

解釋完了第二身系統如何工作，請一個孩子開始，挑選另一個學生作爲她的第二身。鼓勵她挑選自己不太熟悉的人，當然也不是她覺得照顧起來有困難的人（可以是坐得離她比較近的人），然後，第二個人挑選第三個人，第三個人挑選第四個人，直到班上最後一名同學挑選那第一個開始挑選的學生。如果這種挑選會帶來一些傷害的感覺，那麼以更加隨機的方式分配第二身，可以從帽子裡挑名字，或在沒有任何指導的情況下分組圍圈，每個人去照顧自己右手邊的人。請一名學生畫圖或製作藝術品來記錄第二身的鏈條，並掛置在班裡，這樣學生可以記得誰是他們的第二身。

①如果想閱讀一個類似的練習「秘密的朋友」，請參閱 www.plantingseedsbook.org

如果這練習適合你所在的小組，你們可以圍成一圈，邀請每個人爲他們的第二身按摩，同時從他們的守護天使或保護者那裡接受按摩。這是一起外出之前凝聚能量、建立聯繫的好方法。帶著正念和敬意，學生可按指令溫和地按摩他人。

愛的真言

你可以給孩子們朗讀或總結以下的教導：當我們愛一個人的時候，我們想給她東西。我們可以做蛋糕或獻花給他。如果太忙了，我們或許會給她錢。但我們能給所愛之人最好的禮物是我們的清新。如果我們練習「吸氣，成為花朵；呼氣，覺得清新。」那麼你就是你自己；這是最奇妙的禮物。

假如你告訴母親，「我有禮物給你。」母親也許會問你，「禮物在哪裡？」然後，你指著自己說，「我就是禮物！」你如花朵般清新，似高山般穩固，你平和、安寧如靜水，自在如空間。你想給所愛之人帶來這些。如果你不清新、穩固、平和或自在，你就沒有多少東西可以給你所愛之人。要擁有清新、穩固、平靜、自在，你必須如法練習。你不能在超市買到這些東西。所以，如果你是一位有心人，你會知道自己可以給所愛之人最好的禮物就是你的存在，你的清新、穩固、平靜和自在。去愛意味著陪伴支持他或她。如果你不在，你怎麼去愛？

吸氣，僅僅需要三秒鐘，身心一體，為所愛之人真正活在當下。正念吸氣，你變得清新而且平和，你走到他身邊，說出這段真言，「媽媽、爸爸，我為你在此。」你的存在如此平和、清新，因而你可以帶來很多幸福。「我給你的禮物就是我的存在。我可以為你帶來清新、穩固、平和與自在。」

「我為你在此」是第一真言。你可以用你自己的語言來練習，你不必非得用巴利文、梵文或西藏文來背誦它。其他宗教人士練習第一真言也十分妥當。這是正念練習，幫助你活在此時此地，為所愛之人獻上自己的存在。

如果你所愛之人沒有和你在一起，你可以給他發送電子郵件或使用電話來練習第一真言。給在辦公室中的父親打電話說，「爸爸，你知道嗎？我為你在此。」你的聲音充滿了幸福、愛與平和，這會讓他也很開心。也許今天你就想練習這真言，也許你想練習很多次。

第二真言用於認出所愛之人的存在對我們非常珍貴。你正念呼吸，當你全然存在於當下，你走到她身邊，看著她的眼睛，說出第二真言：「親愛的，我知道你在那兒，為我存在，我非常開心。」你可以對母親、父親或其他你非常愛的人這樣說。想一想如果你的母親或父親不在了，你會非常難過，受很多苦。所以第二真言幫助你感激所愛之人的存在。如果所愛之人忽略了你，或沒有意識到你的存在，你感覺不到被愛。如果所愛之人充滿正念，知道你在那裡，你會感覺很開心。當你和家長練習第一和第二真言時，他們會立刻覺得開心，你也會覺得開心。今天請盡力練習第二真言。

當所愛之人感覺不好，受苦或生氣的時候，你還需要第三真言。如花般清新，如靜水平和，你走到他身邊，說出第三真言，「親愛的，我知道你在受苦，我為你在此。」當你練習這句真言，對方的痛苦立刻減輕。哪怕你還沒有做任何幫助他的事情，他也因為你的存在少受很多苦。他不再感覺孤單。你可以每天練習第一、第二真言，而任何你看到所愛之人受苦的時候，練習第三真言。

三真言的書法

材料：紙張、馬克筆、蠟筆或水彩筆，如果孩子們要用書法來書寫真言，還有書法毛筆和墨水。

在所有孩子都可以看見的板上或一大張紙上寫下三眞言。開始時，邀請孩子們討論三眞言。你什麼時候會說一句眞言？跟誰說？之前有人跟你說過類似的話？你感覺如何？邀請孩子們成對上前來示範每句眞言。

如果你有一行禪師或其他藝術家的書法作品，給孩子們展示一些不同風格的書法藝術。問他們，看著這些書法作品你有什麼感覺？你覺得為什麼要用這種風格寫字？你覺得藝術家想傳達什麼？

討論一下在很多亞洲文化中的書法傳統，以及在我們周圍懸掛至理名言的重要，這樣做有助於我們保持正念，接觸我們覺醒的種子。如果可能，邀請懂得書法的人展示一些簡單的書法技巧，用於正念練習。

邀請孩子們在紙上優美地書寫三眞言，或每張紙上一句眞言。他們可以嘗試不同的書寫風格。鼓勵孩子們把書法掛在家中，用以提醒自己練習。在教室裡張貼每句眞言的書法。

年輕人的接觸大地

材料：鐘和鐘槌

接觸大地是一行禪師撰寫的練習，幫助於我們和自身各方面保持聯繫，包括我們血緣和靈性家庭，我們生活的國家，所有的眾生：動物、植物和礦物。這是穩固法師和迅速法師（Sister Steadiness and Sister Swiftness）爲年輕人所寫的版本②。如果房間裡有佛壇或聖壇，邀請孩子們面對這個方向練習接觸大地。在戶外練習接觸大地也非常有效。你可以朗誦以下的文

②給大人的原作文字，請查看一行禪師《你可以，愛：慈悲喜捨的修行》（橡樹林出版，二〇〇七年）

字，或使用CD中第十七首〈年輕人的接觸大地〉（Touching the Earth for Young People）來引導這個練習。

♪ 第十七首　年輕人的接觸大地

引導詞：接觸大地在多方面幫助我們。它幫助你接觸與萬物相連的本質，你和你的父母、朋友或所有眾生「不一不異」的本性。當你覺得靜不下來，或者缺少自信，或者你覺得生氣、不開心的時候，你可以跪下來，深深地接觸大地。接觸大地，就像這是你最喜歡的事情，或者你最好的朋友。

地球已經存在相當漫長的時間了。她是我們所有人的母親，她知道一切。在佛陀證悟之前，他也經歷過疑慮和恐懼，所以他請大地作為他的見證——見證他的覺悟。他看到，大地是一位美麗的母親。懷抱著花朵和水果，鳥類和蝴蝶，以及其他各種生物，她把這些都奉獻給佛陀。佛陀所有的疑慮和恐懼立刻消失了。

任何時候你覺得不開心，回到大地母親的懷抱，向她求助。深深的接觸她，如佛陀一般。突然間，你也會看見大地和她所有的花朵或水果、樹木和鳥類、動物以及她所有其他生物。所有這些她都奉獻給你。

其實，讓你感覺喜樂的機會，是超過你所想像的。大地給你她的愛和耐心。她看到你受苦，她幫助你，同時她保護你。當你死去，她接受你重回她的懷抱。和大地在一起，你非常安全。她一直在那裡，以各種美妙的方式出現：樹木、花朵、蝴蝶和陽光。任何時候，你累了或不開心，練習接觸大地都可以給你帶來療癒，恢復你的喜悅。

種樹的偈子可以幫助我們以大地作依歸。你可以播放，並教孩子們〈種樹的偈子〉（Gatha for Planting a Tree）這首歌。

♪ 第十八首 種樹的偈子

當我們接觸大地，我們吸氣並合掌，雙掌接觸前額，然後接觸我們的心。這代表我們身心一體。呼氣，我們放開雙掌，跪下，雙膝和前額接觸大地（瑜伽中的嬰兒式），或整個身體平躺，腹部貼在地上，把臉轉向一側。我們手掌向

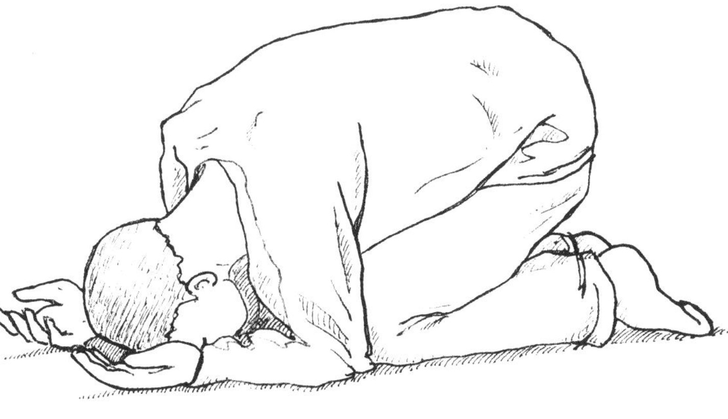

天，代表了開放、接受和降服。我們完全放鬆，讓話語深深的進入我們的身心。我們聆聽三聲鐘聲。

喚醒鐘，並邀請鐘三聲，每次暫停一會。然後，終止鐘聲。

接觸大地，我看到自己是大地的孩子。

邀請鐘聲一次；孩子們接觸大地。

大地像我的母親或父親。從大地我得到美味的食物——做麵包的麥子、米飯、豆子、蘋果、胡蘿蔔，甚至做巧克力的可可豆。大地給我棉花和羊毛做我們的衣服、木材和石頭做我們的家。大地如此用心照顧我們。我很開心生活在大地上。

感覺身體躺在大地上。感覺手、腳和臉接觸大地。感覺到大地如此穩固，可以支持我。我看到大地上覆蓋著許多植物、樹木和美麗的花朵，讓空氣如此清新、純淨。吸氣，我感覺清醒，清涼的空氣充滿我的身體。我感覺平和而放鬆。和大地在一起我很開心，很安全。

邀請鐘聲一次；孩子們站起來。

接觸大地，我感到和父母的聯繫。

* * *

邀請鐘聲一次；孩子們接觸大地。

我是父母的孩子，哪怕我現在不和他倆住在一起。我看到我的父母，對他們微笑。我希望雙親快樂。我希望他們安全、自由，無憂無慮。

有時候大人對我生氣，我覺得很受傷。有時候他們很忙，看上去沒有時間和我在一起，我覺得很傷心。但是其他時候，他們都很照顧我，我們一起玩，一起樂，一起開懷大笑。家人教會我這麼多事情，比如怎麼讀書、唱歌、做數學題或做餅乾。我感謝父母。我知道我的父母也是孩子，有時候他們也會覺得傷心，也會覺得受傷，和我一樣。我知道他們生活裡有很多困難，我並不生他們的氣。

想著父母，我感受到他們的愛和支持，我覺得開心。我知道我的父母需要我的清新，我的微笑也會讓他們開心。

邀請鐘聲一次；孩子們站起來。

接觸大地，我很高興我是我自己。

＊
＊
＊

邀請鐘聲一次；孩子們接觸大地。

我是生活在地球上的一個小女孩或小男孩。有時候我覺得自己像爬蟲一樣幼小，像蜘蛛一樣快樂地在草地上爬行。有時候我覺得自己像一棵巨大、古老的樹一樣高大。我的枝椏直衝雲霄，我的根深深地植入大地，從地底獲取水分。

有時候我如陽光般快樂，我讓每個人微笑。有時候我如陰天般傷心和孤單，我只想躲進樹裡哭。但我的眼淚像炎熱午後清涼的小雨，不一會我又覺得清新和新鮮。我知道，不管何時，我傷心、害怕或憤怒，我都可以回到大地。大地她會永遠為我存在。岩石和動物、植物和花朵、陽光和黑暗中閃亮的星星都為我存在。吸氣，我感覺到清涼、清新的大地。呼氣，我所有的恐懼、悲傷和憤怒都隨之而去。我接受我自己。當我快樂歡喜時，我接受我自己；當我遇到困難，當我生氣或傷心時，我接受我自己。我對自己微笑，我看見我是生活在大地上的一朵美麗花朵。我是地球的一部分，地球也是我的一部分。

邀請鐘聲一次；孩子們站起來。

佛和魔的故事——珠嚴法師，於德國歐洲應用佛學院

下面的故事和〈有一位佛陀〉（There's OL' Buddha）的歌曲相得益彰。它和前面接觸大地的練習也緊密相連。你可以大聲的給孩子們朗誦這個故事。

♪第十九首 有一位佛陀

佛陀是一個人，和你我一樣。成道之前，他叫做悉達多．喬達摩。大約兩千五百年前，他住在印度的北方、尼泊爾的南方。他擁有一切想得到的：美麗的宮殿、財富、美味的食物、奢華的假期和很多權力。但他並不開心。他知道他的生命中少了點什麼重要的東西。他還是不能調和他的意念；他知道自己還沒有學會如何平和、快樂和自在地生活。憤怒、恐懼和混亂妨礙他得到眞正的快樂。

所以，他決定出家，住在森林裡，在森林裡修行。他已經修行了六年，終於覺得自己就快

證悟了。他覺得越來越平和，越來越覺知自己的思想和感受，並對自己簡樸的生活感到越來越歡喜。現在他就在完全穿越痛苦到達證悟和歡喜的邊界了。那天晚上，他在菩提樹下打坐，發誓不能證悟就絕不起來。

但是，通常我們想做一些對我們很重要的事情時，我們往往會遇到一些困難。悉達多在菩提樹下深觀靜思，猜猜誰來打擾他了？魔。魔是佛的反面。魔是「沒有開悟」。如果佛是理解，那麼魔是誤解；如果佛是慈愛，那麼魔是仇恨或憤怒。如果我們不懂魔，那麼我們也無法懂佛。魔在我們之內，就像佛在我們每個人之內一樣。

魔決定阻止佛陀開悟。他派自己充滿魅力的女兒們去跳舞、最好的音樂家去爲佛演奏。如果你是悉達多，是坐在那裡的年輕人，也許魔會派去售賣冰淇淋的小車，或你最喜歡的電視節目、電影或電子遊戲。魔有各種面具，當我們想要非常專注在某件事上的時候——比如做作業或者創建什麼——魔會來分散我們的注意力，嘗試把我們從眞正想做的事情上拖走。你知道悉達多會怎麼做？他僅僅平和地坐著，完全關注自己的吸氣和呼氣。

我們能像悉達多一樣美好地坐著，平靜地吸氣和呼氣三次幫助他對付魔嗎？

你知道嗎？跳舞的女兒們和音樂家們、冰淇淋車、電視節目都消失了。這是魔的第一個挑戰：散亂和欲望。

好吧，你知道魔不會這樣容易就放棄的。接著，他派來了他的大軍：步兵和騎兵，全部武裝了尖銳的矛、弓和箭。他們按陣型排列，全都瞄準了悉達多。當箭和矛以光速在空中飛馳而來時，悉達多仍保持著穩固，一點也不害怕！神奇的事情發生了，當刀槍接近悉達多的時候，它們全都變成了花朵，落在他的腳下。

讓我們像悉達多一樣吸氣和呼氣三次，幫助他保持平靜。

猜猜接下來怎麼了？看到這樣的情況，所有的士兵都消失了。因爲當我們平靜、平和且頭腦清晰，當我們心中有愛，其他人的不善並不一定能傷害我們。我們無需讓它傷害我們，或讓我們生氣、悲傷。如果我們懂得把他人的殘忍、嫉妒和排斥之箭看成是他們自己的誤解和痛苦，那麼我們不會被他們的箭擊中。相反，他們會變成花朵，落在我們腳下。這是魔的第二個挑戰：恐懼。

魔和佛還沒有結束，因爲你可能知道，當我們要做一些對我們眞正重要的事情的時候，我們所面對的挑戰往往十分嚴峻。這次魔使用了他最具殺傷力的武器：懷疑。他親自來到悉達多身邊，雙手放在臀部，搖動著頭，咆哮道：「你怎麼知道自己可以證悟成佛？你以爲你是誰啊？你什麼東西都不是！」

讓別人懷疑他自己，這樣對待他人可一點都不友善。我們應盡可能用給人信心的方式說話。你知道悉達多如何回應魔的提問？他沒有動搖。他紋絲不動地坐著，一手向下，輕觸大地。

大地母親出現了，她支持悉達多，趕走了魔。

讓我們一起來這樣做吧：一隻手放在膝蓋上坐著，另一隻手接觸大地。讓我們像悉達多那樣呼吸三次，幫助他渡過這最艱難的挑戰。

悉達多平和的說：「我請大地母親見證我的成道。」頃刻之間，大地搖動，大地母親以她所有的榮耀燦爛從地下一躍而出。她把手放在悉達多肩頭，表達她的支持和愛護，她緊緊看著魔，說，「不要懷疑悉達多。他會證悟成佛，幫助所有眾生尋得平和自在。」魔消失不見了，這次他完全失敗了，永遠的失敗了。

毫無疑問，那天早上晨星閃耀，悉達多開悟成道，他明白了每個人都有開悟本性而不自知。那就是說，你和我都有可能開悟。所以，這個故事提醒我們大地母親一直為我們存在，她會一直支持我們，當我們有困難的時候，她會幫助我們。

現在讓我們來練習接觸大地，這樣我們可以和愛我們、支持我們的人和事情聯繫在一起。大地母親如此巨大而有力，我們只要將身體及頭俯伏在大地上，就可以休息，完全放鬆，我們會感覺到她的能量和力氣在傳遞給我們。任何時候，你覺得不安、孤單、害怕或迷惑，都可以回到大地母親。將你的感受釋放給大地，接受她的支持和療癒的能量。

我是由什麼構成的？

材料：每個孩子一捲至少六十公分寬並且足夠長的紙，長度可以畫下孩子們從頭到腳的整個身體；畫畫材料、舊雜誌、自然材料、膠水（可選）、剪刀（供大人使用）

這個有趣的練習可以幫助孩子理解相互聯繫和相即。你可以在接觸大地和重新開始之後，討論一下究竟我們是由什麼構成的，我們需要什麼才能活下去。我們也可以詢問孩子們喜歡哪些不同的事情（食物、音樂、運動、藝術、朋友、地方）並詢問他們這些事情如何構成了我們。

讓孩子們兩兩一組練習。每一組用一捲紙，讓一個孩子躺在紙上。然後，你把紙裁剪得比孩子的身長略長一點。另一個孩子拿鉛筆或蠟筆，畫出躺在紙上孩子的輪廓。然後孩子們交換位置。當所有的孩子們都畫出了他們身體的輪廓，讓他們在輪廓裡畫出組成他們身體的東西：陽光、水份、土壤、動物、植物、父母、食物、書籍、遊戲等等。除了畫畫之外，孩子們還可以從大自然收集材料、從家裡帶來物品，或從舊雜誌上剪下圖片黏在他們的習作上。

另一個可選擇的項目是，讓孩子回想自己在母親子宮裡的時候，透過臍帶和母親相連。當他們出生的時候，臍帶被切斷，但他們依舊和母親、父親保持有隱形臍帶。他們不僅和父母緊密相連，同時他們也和太陽、河流、樹木、動物以及空氣緊密相連。沒有樹木，我們沒有呼吸所需的氧氣。沒有河流，我們沒有可以飲用的水。所以，事實上，我們和宇宙萬物都有隱形臍帶相連。邀請孩子們畫一張二十二公分乘二十八公分（或A4紙大小）的畫，畫中他們都是小寶貝，有很多臍帶，連接所有維持生命的元素。為了給孩子啓發，可以念本章開始時母親子宮中幼小種子的故事。

7 智慧和慈悲

兩願——

我發願培養「智慧」，與人、動物、植物及礦物和平生活。

我發願培養「慈悲」，保護人、動物、植物及礦物的生命。

兩願，是給孩子們的正念訓練或倫理指導。爲了去愛，你必須有智慧去理解，因爲愛由理解組成。如果你不理解某人，你就不能愛他。禪修是深入觀察他人的需要和痛苦。當你覺得自己被理解的時候，你會覺得愛穿透了你。這是很美妙的感覺。我們所有的人都需要理解和愛。

人們喜歡做不同的事情。比如課後，你和你的朋友想一起做點什麼。朋友想去玩羽毛球，你想看書。但因爲你希望讓朋友開心，你放下你的書，陪他玩羽毛球。當你這樣做的時候，你正在練習理解。透過你的理解，你給朋友帶來快樂。當你讓他快樂的時候，你也變得快樂。這是一個練習理解和愛的例子。

每當你背誦兩願的時候，你可以問自己這些問題：「自從我許了這兩個願望，我有沒有嘗試學會它們？我有沒有嘗試練習它們？」對於這些問題，我並非期待一個是或不是的答案。哪怕你嘗試並練習兩願，這也不夠。回答這兩個問題最好的方法，是開放你自己，當你吸氣和呼氣時，讓這些問題深深進入你整個生命。只要向這些問題打開自己，它們會默默地在你身上起作用。

理解和愛（智慧和慈悲）是佛陀最重要的教導。如果我們不努力保持開放，理解他人的痛苦，我們就不能去愛他們，不能與他們和平相處。我們也應該嘗試理解和保護動物、植物和礦物的生命，和它們和平相處。如果我們不能理解，我們也就不能去愛。佛陀教導我們用愛和理解的眼睛去看眾生。瞭解如何練習這些教導非常重要。

接受兩願

在我們的禪修營中，就在大人接受五項正念練習之前，孩子們有機會在正式的儀式中接受兩願。孩子們會獲得法名，並得到一張證書，用以提醒他們自己的願望。

在孩子接受兩願之前，請他們寫下自己的志向和接受兩願的原因。這裡是一些回應①。

我想接受兩願，因爲它可以幫助我變得更加正念，我周圍的人也會更加快樂。我想，它也會幫我在認識新的人的時候不那麼緊張。

——喬安娜，心愛家（Joanna S., Loving Home of the Heart），十二歲

我希望兩願可以幫助我更適切地理解家人的需要。我也希望我可以教導自己用慈悲心對他人和我自己。

——西恩納，心療喜（Siena D., Healing Joy of the Heart），十一歲

我想更加慈悲。我想更善於理解自己和他人。

——瓊娜，心喜笑（Djuna W., Radiant Smile of the Heart），十歲

因爲它們將幫我和人相處更容易，讓我的生活更開心。

——袁安，心安樂（Nguyen An L., Peaceful Joy of the Heart），七歲

我想記住一行禪師，因爲他很友善。他對孩子們很好，而且我喜歡唱歌和祈禱。

——馬克思，心安強（Max M., Peaceful Strength of the Heart），七歲

①節選自一行禪師《我已到了，已到家了——慶祝梅村生活二十年》（*I Have Arrived, I Am Home: Celebrating Twenty Years of Plum Village Life*, Berkeley, CA: Parallax Press, 2003）.

兩願

我發願培養智慧，
與人、動物、植物及礦物和平生活。

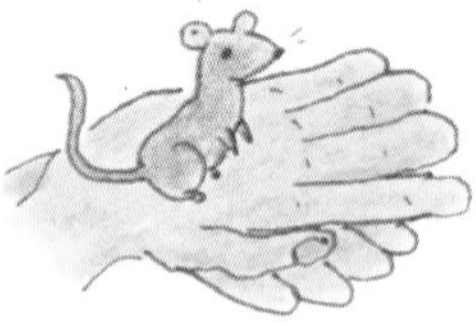

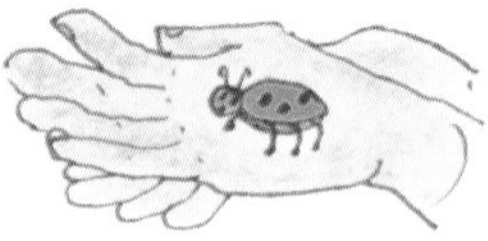

我發願培養慈悲，
保護人、動物、植物及礦物的生命。

我非常想要理解和幫助其他人和物。我想成爲一個保護動物的獸醫。我想確保世界上再沒有盜獵者。我想種植更多的樹木和種子，還想幫助受苦的人。

——梅芙，心宏獻（Maeve K., Great Offering of the Heart），七歲

我想接受兩願，因爲如果我有理解力，我就可以恭敬、友好，並且幫助人，也能夠給予。如果我有慈悲，我就可以更愛家人，並且我也可以更善於聆聽他人。

——瑞安，心樂聞（Ryah B., Generous Listening of the Heart），十一歲

我想接受兩願，因爲當我澆灌兄弟姐妹的憤怒種子，或喜悅、慈悲種子的時侯，兩願幫助我理解他們，與他們和平相處。

——海蘭，心善匠（Hylan K., Skillful Gardener of the Heart），十二歲

我想接受兩願，這樣我可以學會怎樣深愛別人。

——瑪麗．安，心寶流（Mary Ann N., Precious Stream of the Heart），十一歲

分享兩願

每次禪修營，我們都會分享兩願如何幫助了我們的生活。爲了探討什麼是理解，我們從提問開始。

- 平和對於你來說是什麼？
- 我們如何理解他人及與他人和平相處？
- 我們如何理解動物及與動物和平相處？
- 我們如何理解植物和地球及與植物和地球和平相處？

孩子會開始沉思他們遇到過和正在遇到的情景。有時有一組孩子可能沒什麼說話，或很少回應。這種情況下，我們分享我們自己生活中遇到的例子，來說明理解和慈悲的特質。教導這個練習的時候，最好準備一些故事。當我們說要保護礦物的時候，我們也可以分享保護地球和環境。孩子們常常對於如何保護環境有很多想法。

我們可以繼續探討慈悲的意義：

- 有沒有人可以分享「愛」對你意味著什麼？
- 我們如何表達對某人或某物的愛，例如：對我們的媽媽和爸爸、貓或狗或植物的愛？
- 我們如何保護我們所愛的，包括動物、植物和地球？
- 如果我們愛我們的朋友，我們如何表現？別人如何表現他們對我們的理解和慈悲？

當小組討論涉及慈悲和理解的特質在日常生活中的美好和重要時，你可以向他們介紹兩願。跟他們分享〈兩願〉（The Two Promises）這首歌。歌中每個願望之後，有三次呼吸（嗯……啊……三次），因爲我們需要呼吸的力量和正念幫助我們遵守承諾。孩子們很喜歡唱這首歌時的手部動作，你可以在Planting Seeds網站找到它們。接下來你可以請孩子們塡寫網上兩願的練習表格，這樣可以幫助他們更深刻的理解，並找到他們自己的實例。他們也許喜歡用畫畫來表達如何在日常生活中練習理解和慈悲。在房間裡掛上兩願的海報是非常好的做法，這樣有助於每個人都記得它們。請孩子們裝飾海報。你也可以播放〈我愛大自然〉（I Love Nature）這首歌來加強孩子們與自然的聯繫。

♪ 第二十首 兩願

♪ 第二十一首 我愛大自然

Q&A

孩子提問：一行禪師，蚊子一直咬我，我想制止牠們，我可以每天僅僅殺幾隻蚊子嗎？

一行禪師：你想殺幾隻呢？

孩子：大概一天一隻。

一行禪師：你認爲這樣就夠了？

孩子：是的。

一行禪師：當我還是小男孩的時候，我也有這樣的問題。後來，我知道蚊子需要食物才能活下來。蚊子一直想辦法獲得食物。我們也是。當我們飢餓的時候，我們也會到處找東西吃，這很自然。我想，我們總有辦法防止自己被蚊子咬的。在越南，每個人晚上睡覺的時候都有蚊帳。如果他們不用蚊帳的話，他們就必須整個晚上殺蚊子。那可不止幾隻，因爲你殺了一隻，其他的還會來。你要花整個晚上來殺蚊子。所以殺蚊子不是解決辦法。我們可以保護自己的方法之一是使用蚊帳。我想梅村有一些蚊帳。你可以問問法師，讓他們借給你一個，這樣你就可以讓小蚊子也活下來了。

有時候我看到蚊子停在我身上，我揮動手掌產生一陣風，這樣蚊子就會飛走了。我這樣做的時候一點也不生氣。我只是防止蚊子咬我。

關於與動物聯繫的故事

這裡有兩個眞實的故事，你可以講給孩子們聽，鼓勵他們討論兩願和保護動物②。邀請孩子們講述他們自己的動物故事。

一位巴黎的菩薩

馬拉霍夫是一隻巨大的紐芬蘭犬，也是一位巴黎珠寶商的看門犬。珠寶商有一位叫做雅克的學徒，他討厭馬拉霍夫。也許是因爲馬拉霍夫感覺到這個人不値得信任。

雅克想方設法要殺掉這隻狗。

②史丹芬妮·萊蘭（Stephanie Laland）的《和平王國：動物們的無意善舉》（*Peaceful Kingdom: Random Acts of Kindness by Animals* by MA: Conari Press, 2008）.

雅克帶著幾個同夥，把這隻大狗帶到了塞納河畔，在牠的脖子上拴上了大石頭，然後把牠扔到激流湧動的河水中。馬拉霍夫奮力掙扎求生，拚命地游泳，想回到岸邊。牠這樣奮力的游泳，雖然帶著大石頭，還是幾乎游到了河邊。這時候馬拉霍夫回頭看到襲擊牠的人，雅克，也掉進水裡，正在往下沉。雅克拍打著水花吸了幾口氣，卻不知道怎麼游泳，他萬分驚恐並且開始往下沉。

看到這場面，馬拉霍夫轉回頭向雅克游去。雖然馬拉霍夫脖子上有巨大的重量，游泳的時候要不斷喘氣，脖子上的繩子越來越緊，但牠還是游向了要謀殺牠的人掙扎的地方。絕望中，這個人抓住了馬拉霍夫的皮毛。但是現在馬拉霍夫太累了，無法在激流中把這個人拖上岸，他只能同時帶著巨大的石頭和驚恐的人不停踩水。這隻狗讓雅克保持漂浮，直到其他人來救他。

人和狗安全地到達岸上，這個悔恨不已的學徒伸開雙臂抱著偉大的紐芬蘭犬，不停的哭泣懇求狗狗的原諒。

這隻英雄犬的故事很快傳遍了巴黎。馬拉霍夫成爲勇氣的象徵，當牠死的時候，幾乎每個巴黎的學徒都來爲牠送葬。

女神歲月無痕——永遠對生命熱情、保持感性與性感，並以靈性來增長智慧

作者／克里斯蒂安・諾斯拉普醫生（Dr. Christiane Northrup）　譯者／馬勵
定價／630元

美國第一婦產科權威、《紐約時報》暢銷作家的第一本女人保健聖經！

本書作者克里斯蒂安・諾斯拉普醫師是美國婦產科權威，亦是一位有前瞻性的女性保健先驅。經過數十年臨床職業生涯，她現在致力於幫助婦女學習如何全方面提高身體健康，為非常多健康、身心靈的暢銷書當過推薦人。本書是她依女人和專業醫師的不同身分出發，告訴讀者如何改變對於年齡增長的焦慮，不用醫美、不用整型，就可以自信、快樂地活著！

願來世當你的媽媽

作者／禪明法師　繪者／KIM SORA　譯者／袁育媗
定價／450元

全彩插圖+簡潔文字，讓人輕鬆享受閱讀

全書由一則則短篇故事組成，作者以簡單易懂的文字描述寺院裡的日常生活及其修行體悟，再加上繪者溫暖可愛的插圖，將書中的人物畫成貓的模樣，讓讀者能輕鬆地透過閱讀領略書中滿溢的親情與人生的道理。

沒有媽媽的女兒——不曾消失的母愛

作者／荷波・艾德蔓（Hope Edelman）　譯者／賴許刈
定價／580元

《紐約時報》暢銷書，Amazon五星好評，
累積至今發行超過五十萬冊

Amazon上千則好評，《紐約時報》、《華爾街日報》等媒體盛讚「撫慰人心，痛苦卻解憂，與各年齡層失去母親的女性產生共鳴。」的療癒佳作。本書集結作者對眾多喪母之女的訪談，將個案親身經驗結合心理學理論來說明，女兒如何熬過當時的情緒風暴，走過那條孤單的路。書中也提到，積極為已逝的至親哀悼，正視其離開所帶來的傷痛，並從中平復，能減緩這周而復始的傷痛且得到慰藉。

輪迴可有道理？
——五十三篇菩提比丘的佛法教導

作者／菩提比丘（Bhikkhu Bodhi）　譯者／雷叔雲
定價／600元

自我轉化、自我超越的修行

本書共收錄菩提比丘的五十三篇文章，這些文章顯示他如何既深又廣地弘揚佛陀超越時代的教法，不僅能簡要地闡明如何將佛法融入日常生活，又能解說繁複的教義，卻絲毫不失佛法與今日世界的相關性。內容包含了佛教的社會道德、哲學、善友之誼、聞法、輪迴、禪法、張狂的資本主義後患，以及佛教的未來。

祈禱的力量

作者／一行禪師（Thich Nhat Hanh）　譯者／施郁芬
定價／300元

熱銷15年，一行禪師揭示祈禱帶來的力量

一行禪師在書中介紹祈禱的重要。不分國界、宗教，不論情緒好壞、身在和平或戰爭之際，人們都會祈禱，就像是與生俱來的本能。祈禱滿足了我們日常的需求，對健康的渴望、事業的成功和對所愛之人的關切，這強大的力量也讓我們能專注當下，與更高的「我」緊密結合。

夢瑜伽與自然光的修習

作者／南開諾布仁波切　譯者／歌者　審校者／The VoidOne、石曉蔚
定價／320元

夢境所反映的是現實的渴望、恐懼與期待，
在夢中修習，跳脫夢境的桎梏，進而增進自己心靈上的覺知。

本書摘自南開諾布仁波切的手稿資料，強調在作夢與睡眠狀態中發展覺知的特定練習，再予以擴展與深化。在此書中，南開諾布仁波切歸納了特定的方法，用以訓練、轉化、消融、攪亂、穩固、精煉、持守和逆轉夢境；此外，他還提出了個人持續在白天和夜晚所有時刻修行的練習，包含發展幻身的修習、為開發禪觀的甚深淨光修習，以及死亡之時遷轉神識的方法。

救苦救難的海豚

一九七一年六月，伊馮娜．弗拉迪斯拉夫維奇（Yvonne Vladislavich）的帆船航行在印度洋上時，突然爆炸了。她整個人被拋入海中，船沉了，她只能在水上漂著，遠離了船運航道，沒有什麼獲救的希望。

可怕極了！她踩著水等待著死亡的降臨。然後，她看到三隻海豚靠近了她。令她驚訝的是，其中一隻游到她的下方，用牠自己巨大的身體托起了她。她充滿感激地抓住了海豚的光滑發亮的身體。另外兩隻海豚則圍著她游，以防止鯊魚來攻擊。

海豚花了許多小時帶著她、保護她穿過溫暖的水域，直到他們到達浮在海上的一個標識浮筒。他們把她放在浮筒上，她很快地被路過的船隻救起。

經計算，從帆船爆炸的地點到浮筒所在的位置，海豚帶著她、保護她穿過了約三百二十二公里的危險海域。

兩願練習紙

你可以從Planting Seeds網站下載練習紙，也可以讓孩子們用以下文字自己製作：

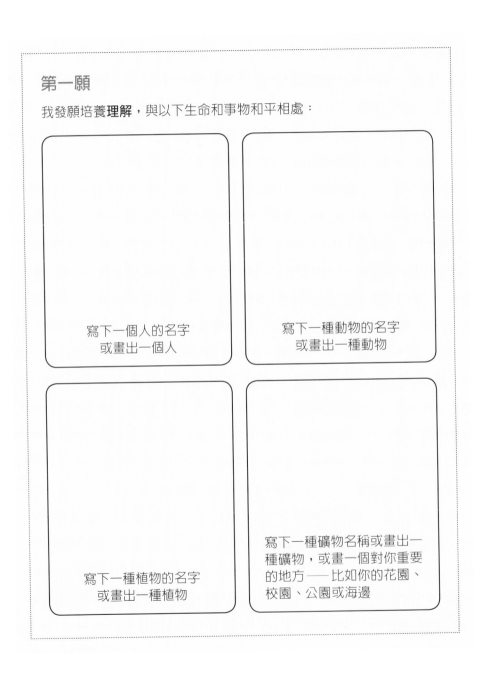

第一願

我發願培養**理解**，與以下生命和事物和平相處：

寫下一個人的名字
或畫出一個人

寫下一種動物的名字
或畫出一種動物

寫下一種植物的名字
或畫出一種植物

寫下一種礦物名稱或畫出一種礦物，或畫一個對你重要的地方——比如你的花園、校園、公園或海邊

第二願

我發願培養**慈悲**，保護以下生命：

寫下一個人的名字
或畫出一個人

寫下一種動物的名字
或畫出一種動物

寫下一種植物的名字
或畫出一種植物

寫下一種礦物名稱或畫出一種礦物，或畫一個對你重要的地方──比如你的花園、校園、公園或海邊

思考題

・這兩個故事中有哪些理解和慈悲的行為？
・你覺得海豚怎麼能夠在正確的時間、正確的地方來救這個女人？
・你覺得為什麼故事裡的動物會去幫助他們不認識的人，甚至試著幫助傷害他們的人？
・你知道哪些動物幫助人或其他動物的真實故事？
・我們如何才能保護我們周圍的動物？

正念飲食

慈悲飲食

日常的飲食，可能對我們自己和這個世界非常暴力。如果我們不懂得如何練習正念飲食，我們會將很多毒素和很多暴力帶入我們的身體和我們的意識。閱讀或看電視也可能是非常暴力的。這就是爲什麼我們要學習正念消費。正念能指導我們保護我們的身體和意識，保護我們家庭以及地球所有眾生的集體身體和集體意識。在家裡我們可以一起坐下來，討論如何在日常生活——在我們的飲食和娛樂中運用非暴力。

飲食可以是非常深刻的靈性活動。我們可以用滋養我們慈悲和理解的方式飲食，只消費能夠給我們的身體帶來滋養和療癒的東西。我們可以用有助於慈悲的力量在我們之內升起、成長的方式飲食。這是一種非常深刻的練習。在梅村我們組織茶禪，或給孩子們準備檸檬水禪修的時候，用培養兄弟姐妹情誼的精神來飲茶或飲用檸檬水，喜悅而和諧，這是非常深刻的靈性練習。

當我們圍坐在桌邊進食之前，一個孩子可以大聲背誦觀想文。這個孩子可以指著桌上每盤菜，告訴我們食物的來源——爲了獲取這種食物是否殺害了大量生物、種植這些食物時是否有增長和諧與慈悲。

我們必須帶著洞察力、帶著正念飲食，這樣我們才能清楚地觀察並保持我們的慈悲。在我一生中，我知道沒有慈悲的人不可能快樂。沒有這種叫做「慈悲」的能量，我們就和世界切斷了連結，我們就不能和其他眾生聯繫。所以我們以一種慈悲的方式飲食。帶著對自然和其他生物的覺知，我們學習用一種讓周圍和我們之內的生命能延續的方式烹飪和飲食。透過每天勤修勤學，我們可以用增長慈悲和減少憤怒的方式飲食。

食前觀想

這些食物是天地的禮物：地球、天空、雨水和太陽。

我們感謝製造這些食物的人，特別是農夫、市集裡的人和廚師。

我們只在盤子裡放我們能吃完的食物。

願我們細細咀嚼，這樣我們才可以好好享受食物。

願我們用滋養慈悲的方式進食，保護其他物種和環境，逆轉地球暖化。

這些食物給我們能量去練習，增長慈愛和理解。

願我們食用這些食物之後，更加健康和歡喜，彼此相親相愛如一家人。

食前觀想

1. 這些食物是天地的禮物：地球、天空、雨水和太陽。
2. 我們感謝製造這些食物的人，特別是農夫、市集裡的人和廚師。
3. 我們只在盤子裡放我們能吃完的食物。
4. 願我們細細咀嚼，這樣我們才可以好好享受食物。
5. 願我們用滋養慈悲的方式進食，保護其他物種和環境，逆轉地球暖化。
6. 這些食物給我們能量去練習，增長慈愛和理解。
7. 願我們食用這些食物之後，更加健康和歡喜，彼此相親相愛如一家人。

在我們的禪修營中，孩子們享受在飯前為整個社群大聲誦讀這些觀想文。他們也享受在家裡或學校吃飯前誦讀和練習正念飲食。你可以在CD第二十二首聆聽孩子們在用餐前誦讀〈食前觀想〉（Contemplations at Mealtime）。

♪ 第二十二首 食前觀想

零食禪

材料：準備一些零食，盤子或碗，紙巾；每個孩子一杯蘋果汁；鐘和鐘槌

提供健康的零食很重要，比如新鮮水果或果乾、堅果、椒鹽煎餅、薄脆餅或全麥餅（不含人工添加劑或太多糖分）。用可重複使用的杯子來喝水或果汁，防止造成太多垃圾，並提前準備水盆，讓每個孩子洗他們自己的杯子。

把零食和紙巾放在盤子或碗裡。傳遞零食之後，你可以傳遞一杯杯的果汁。

我們現在有機會練習零食禪。當你傳遞盤子的時候，請端住盤子，以便你可以為身邊的孩子服務。在你身邊的孩子會合掌鞠躬，拿取紙巾和零食之後，再次合掌鞠躬，並為下一個孩子端住盤子，以此繼續。

請確實看著對方的眼睛，在為對方服務的時候欣賞對方的存在。請等每人都有零食的時候才開始吃零食和喝果汁。我們吃東西的時候不說話，這樣才能真正品味和享受食物。

當每個人都拿到零食和果汁之後，請一個孩子邀請鐘聲。

讓我們一起開始，在靜默中享受零食和果汁。

你喜歡的話，可以再次傳遞零食，讓孩子多拿一些。
讓我們一起深入觀察這些零食。在靜默中飲食感覺如何？
（奇怪；我喜歡；有趣）
這和一邊看電視、聽音樂或做作業，一邊飲食，有什麼區別？
（這樣飲食讓我更享受食物）
你為什麼享受零食？
你覺得零食中哪些需要最長的時間來生長？
哪種食物從最遠的地方來到我們身邊？
你有沒有在我們的零食中品嘗到陽光？你還嘗到什麼？
（雨水、卡車司機、鬆動土壤的蟲子）
所以，所有這些都是零食和果汁中的各個部分……，當我們吃和喝的時候，它們都會變成我們的一部分。
讓我們一起來觀察我們的蘋果汁。一顆蘋果生長需要多久？

（從春到秋；幾個月）

一般來說，一顆蘋果從開花到結果只需要幾個月，但是在此之前那棵蘋果樹需要生長好幾年。而且蘋果樹最初幾年並不能結果。所以，你可以說蘋果好幾歲了，而不是幾個月。

而且，「母親樹」在那裡，是來自「外婆樹」，所以也可以說蘋果來自外婆樹，以此類推，回溯至第一顆蘋果。

所以，我們吃的蘋果有千萬歲了！這樣看來蘋果是如此的珍貴！經過這麼多年得來的蘋果，我們卻只用了幾秒鐘吃掉它！

既然蘋果花了這麼長時間才能生長，我們應該花點時間享受它。我們可以學習用這種方式食用我們所有的食物。

當我們以某種習慣來飲食，並且定期重複，孩子們會習以為常並期待之。這是一天之中平靜的時刻，一個我們體驗團聚和專注的時刻。當孩子們被問到在「兒童項目」中最喜歡什麼的時候，不少孩子會說他們最喜歡零食禪！

你可以教孩子們〈許多雙手〉（Many Hands）這首歌，幫助他們欣賞我們食物中的不同元素。他們也許還會喜歡聆聽〈小蕃茄〉（Little Tomato）這首歌。

♪ 第二十三首 許多雙手

♪ 第二十四首 小蕃茄

九年級學生對橘子禪的反思③

約恩．朱（YEON JU）：剛開始，我不明白我們幹嘛花這麼多心思在一個橘子上。簡單地說，有橘子的採摘者、種植者和賣橘子的商販。然而，當我們在課堂上讀誦一行禪師的詩歌時，那提醒了我，有雨水樹木才能生長，才會有這張紙，接著我能夠專注在這個活動的深刻含義。這活動讓我們脫離慣性的思考，明白哪怕簡單如橘子，也是經過數以千計的事情，包括大自然孕育和各種努力才來到我的手上。在採橘子的人之前，甚至在種橘子樹的農夫之前，地球必須存在。這似乎太誇張了，爲了一個橘子的產生還要思考到史前去。但是所有的人類，你和我目前的存在都經歷了同樣長的時間。

③印度德里美國大使館學校Meena Srinivasan班級的學生

總結一下，我明白了我們不應該將事情想成理所當然，而是切實去思考它們的來處，以及是花了多少努力和時間才得到這樣一個簡單的東西。同時，我學會感激、學會思考、學會對周圍更加關心。

阿卡什（AKASH）：我們在家吃飯的時候，我們僅僅享受自己的食物，並不考量它們經過了多少人的努力。當我們開始吃橘子的時候，我開始確實去想人們做了些什麼，於是我有生以來第一次覺得我感謝這些不認識的人。這幫助我意識到自己有多麼幸運。這也讓我想到，我們所吃所喝的東西一開始的時候都非常幼小，經過多少人的努力才能變成我們的食物。

葡萄乾禪

材料：每個孩子一粒葡萄乾或一口大小的水果

有各種不同的禪修，現在我們有機會來練習葡萄乾禪。

傳遞葡萄乾。孩子們每人一粒，拿著但不要吃掉。

請拿著葡萄乾。聞一聞。注意它的顏色。感覺它的質感。閉上眼睛，當我邀請一聲鐘聲的時候，呼吸。

喚醒鐘，然後邀請鐘聲。

保持閉著眼睛，保持靜默，非常慢地吃葡萄乾。注意所有的感覺：注意它的味道。停頓。注意品嘗它在舌上的味道。停頓。注意它在牙齒之間的時候是什麼感覺？咽下去時又是什麼感覺？停頓。你能感覺到它在胃裡嗎？

當你看到他們都完成了，再次邀請鐘聲。

請睜開雙眼。你注意到什麼？全心全意的慢食感覺如何？和平常的吃法有什麼區別？現在，我們已經吃掉的葡萄乾變成什麼了？它去了哪裡？

哪些東西構成了葡萄乾？把他們的回答記錄在黑板上。幫助他們看到葡萄乾相即的性質——它由雨水、雲朵、陽光和採摘者所構成。然後透過提問引導他們關注我們自己相即的性質——那麼，我們自己呢？哪些東西構成了我們？再一次，把他們的回答記錄在黑板上。

（我們由我們的父母，我們吃的食物，我們閱讀的書籍，我們呼吸的空氣，我們喝的水構成。）

找出我們和葡萄乾在各方面的相互聯繫。邀請孩子們使用黑板上的字，寫一首關於葡萄乾的詩。

我在你裡面，你在我裡面（製作花生醬球）

材料：花生醬、乾燕麥、蜂蜜、向日葵籽。任何或全部以下材料：肉桂、葡萄乾、梅乾、南瓜籽、巧克力片、椰蓉、乾棗子片、碎杏仁。如果孩子們對花生醬過敏，可以用向日葵種籽醬代替。

廚具：大碗、烘焙紙或盤子、每人一張餐巾紙、冰箱（可自選）

首先，我們要洗手。我們有兩首可以在洗手時候念誦的短詩。當孩子們洗手的時候念誦偈子。

打開水龍頭

水來自高山，
水流入大地，
水奇蹟般來到我們面前，
維持所有生命。

洗手

水流過這雙手，
願我熟練的使用它們，
保護我們珍貴的地球。

準備花生醬球（或按以下指導製作燕麥─胡蘿蔔─角豆粉─葡萄乾球）。把所有的材料攪拌在一起。可用乾燕麥使之變稠、用蜂蜜讓它變稀。嘗一嘗它們是否美味。如果你喜歡的話可增加更多的材料。

當所有材料攪拌成一團後，捏一塊出來、在雙手間滾動，直到形成乒乓球大小的小球。打濕雙手，防止食物沾黏。孩子們也許想爲此做一首偈子。把每個小球放在烘焙紙上。當所有材料都做成了小球，連同烘焙紙一起放入冰箱冷藏，直到食用的時候。

替代配方：燕麥─胡蘿蔔─角豆粉─葡萄乾球

材料：一杯燕麥、一杯胡蘿蔔絲、半杯角豆粉或可可粉、半杯葡萄乾、蘋果汁、任何磨碎的堅果（可自選）、椰蓉。

預先將胡蘿蔔去皮、切碎。除了椰蓉，將所有材料攪拌到一起。加入足夠的蘋果汁，讓所有材料黏結在一起，變得厚實、均勻，也不會太乾。捏成丸子。把椰蓉灑在盤子上。然後把一部分丸子在椰蓉上滾過，直到椰蓉完全覆蓋了丸子。為大家提供含椰蓉的和不含椰蓉的兩種丸子。

在花生醬球裡你可以看到雲朵嗎？你可以看到大卡車嗎？在花生醬球裡你可以看到很多不同的人嗎？如果你深入觀察，你可以看到所有這些東西——和所有其他東西！讓我來幫你觀察，花生醬是什麼做的？

（花生）

花生從哪裡來？

（植物）

花生植株長大需要什麼？

（空氣、水、土壤、陽光）

花生植株從哪裡獲得長大需要的水？

（雨水）

雨水從哪裡來？

（雲朵）

哈！這就是說，我們的花生醬球裡有雲朵，對不對？如果沒有雲朵，我們不可能有花生醬球，不是嗎？我說在花生醬球裡我也可以看到大卡車。現在你也看到了吧？你能不能解釋它從哪裡來的？（任何顯示了相互聯繫、相即的答案均可接受，如「大卡車把花生從農場運載到市場。」）

在花生醬球裡你還看到了什麼？這可能是非常熱烈的討論。當然，沒有什麼不在花生醬球裡，所以所有的答案都是正確答案！（我看到了巴西，因為我們製作巧克力片的可可是從那裡來的。我看到了陽光，因為向日葵需要太陽。我看到了採收花生的人。）繼續討論，直到沒有更多建議，或有人意識到萬事萬物緊密相連、一即是一切的時侯，討論才結束。

為什麼認識萬事萬物緊密相連非常重要？為什麼我們需要在花生醬球和其他事物之中看到雲朵、大卡車和所有人、所有事，包括我們自己？

（這樣我們會記得照顧萬事萬物。這樣我們就不會覺得孤單。這樣我們會愛所有的人。）

畫出相即

材料：紙張、畫畫的材料

不論個人或集體，你可以做一張海報，將餅乾、蘋果、葡萄乾，或其他時常食用的點心畫在海報中間。讓孩子們在周圍畫上造就這些食物的全部因素：太陽、雨水、地球、植物、農夫、動物等。

把海報懸掛房間裡，幫助每個人記得我們所吃的食物「相即」的本質。

8 集體遊戲和享受自然

可以在孩子很小的時候教導他們正念。我們可以將他們的注意力集中在美好、清新和療癒的事情上。如果我們自己有正念、並集中注意力在某事上，那麼孩子也會跟著我們注意它。

孩子們有能力看到花朵、露水或彩虹之美。孩子比大人更容易專注當下。他們不像我們考慮很多未來或過去的事，所以我們可以很容易的讓孩子們專注當下。你可以拉著自己孩子的手並引導孩子注意你們的手。你的手可能大得多，他的手可能很小。你和孩子就只是享受靜思著你們的兩隻手。

組織戲劇和遊戲

遊戲和玩耍是任何兒童項目的基礎。我們練習中心的重點在於和孩子遊戲時，我們給孩子哪些滋養——喜悅、愉快、和睦、輕鬆和分享。我們不關心輸贏，也不關心激烈競爭。在遊戲的開始時，我們把孩子集中起來，強調遊戲的重點是玩得開心，培養我們的技巧，享受大家相聚的喜悅。

準備遊戲的時候，選擇那些你自己喜歡、同時也適合孩子們體能的遊戲。哪怕你只預計玩一個遊戲，也要保持機動性的準備三到四個遊戲。然後你可以在特定時刻選擇一個最合適的遊戲。隨時修改遊戲內容以適合你的小組。在任何活動中，優先考慮孩子以及孩子們的需要。遊戲中，練習細心聆聽和愛的語言，以及保持仁慈和關愛，可能比遊戲本身更有益。更多遊戲參見**Planting Seeds**網站。

集體遊戲

名字遊戲

材料：小球或線團

・**熱馬鈴薯**：圍成一圈，讓每個人說出自己的名字。然後拿出稱爲熱馬鈴薯的小球。由你開始玩，在說出你的名字後，把球盡速地扔給其他人；接到球的人說出自己的名字後，也迅速地扔給其他人。一旦小組裡每人都玩過一輪，再提高遊戲難度：先說出你要扔給他球那人的名字，那個人接到球後也必須快速地把球扔給下一個人，並說出對方的名字。確保小組中每個人都玩過一輪。

・**記憶遊戲**：圍成一圈，說出你的名字和你喜歡的一樣東西，這樣東西和你英文名字第一個字母相同（例如我是古斯塔沃 Gustavo，我喜歡葡萄 grapes）。

現在試試把它當成一個記憶遊戲，一個人在前一人分享的基礎上繼續，重複每個人的名字和他們喜歡的東西（例如「他是古斯塔沃 Gustavo，他喜歡葡萄 grapes；她是勞拉 Laura，她喜歡檸檬派 lemon pie；他是克里斯 Chris，他喜歡巧克力 chocolate。」）。

想像球

孩子們圍成圈站立。他們有一個想像中的球，一個能量球，這個球可以變成任何他們想像的東西。帶領者先兩手持球，然後轉換這能量，按任何她喜歡的樣子，用不同的動作和手勢表示（比如，練習一種樂器、做一種運動、成爲一種動物、做她喜歡的事情。），當她表現出來的時候，不能說話。然後帶領者將能量送回她雙手之間的球，傳遞給圈中另一個「接」想像球的人，然後按次序轉化爲他或她喜歡的東西。這個人再傳遞給下一個人，遊戲一直繼續到每個人玩過一輪。這個遊戲是靜止進行的。我們透過手勢來表示，而非語言。

思考：對於「接住」別人的「球」，變成為自己的活動，有什麼樣的感受？

家庭肖像

這個遊戲幫助我們瞭解彼此的家庭。讓孩子們回憶家庭中最快樂的時刻，然後在他們心裡拍下這一刻的照片。接著，每個孩子輪流借用其他孩子們來創造自己的這張照片。他可以挑一個孩子做他照片裡的父親，另一個做他的母親，其他的做他的兄弟姐妹，還有一個做他自己。每個孩子都選一個靜止的姿態，扮演那個人當時正在做的活動。當這張照片完成的時候，他和其他人分享他最快樂的時候。確保每個人都玩過一輪。

思考：你扮演其他人家庭成員的時候，感覺如何？由其他孩子來扮演你的家庭肖像時，感覺如何？

玻璃彈珠捲

材料：每個孩子一捲空衛生紙捲或手紙捲，每組一顆玻璃彈珠。

孩子們站成一排，彼此靠近。每個孩子拿著一捲空衛生紙捲或手紙捲。隊伍排頭的孩子把彈珠放進她的紙捲裡，輕微地傾斜使彈珠滾動到後面另一個孩子的紙捲中。這個遊戲的目標是將彈珠從隊伍的第一個人傳遞到最後一個人，中途彈珠不可掉落。不可使用雙手！如果有人弄掉了彈珠，她必須從隊伍的起始重新來做。

思考：是什麼促使彈珠滾動？是什麼令彈珠不滾動？

動用所有感覺

以下這些活動和思考有助培養正念和集中。

我是誰？

把孩子分成兩組或更多，每組三到五個孩子。一組孩子站在一道簾子後。這組中的一個孩子從簾子後僅僅伸出她的手，或一隻手指、一個拳頭或是腳趾！或者她只是說一個字、唱一句歌，或吹口哨，或拍手。簾子外面的孩子猜猜是哪個孩子在「表演」。簾子後其他孩子輪流表演。然後小組各人交換位置。

思考：你怎麼識別出是誰在表演？你用什麼感官來判斷？你可以只是經由聽她的聲音就認出那是哪位朋友嗎？你可以僅僅透過聽他吹口哨或唱歌認出那是某人嗎？

你是誰？

材料：一個眼罩。

一個孩子戴上眼罩。其他孩子安靜地站在他的周邊。帶眼罩的孩子繞著教室緩慢移動，直到他遇到了某個人。他嘗試僅僅用手來認出這個人。

思考：哪些感官幫助你認出你觸摸到的人？做這個練習的時候感覺如何？

人體模擬照相機

讓孩子們分成一對對：一個孩子做照相機、一個孩子做攝影師。攝影師走在她的「照相機」後面，雙手放在她的「照相機」肩膀上。她小心翼翼引導她一直閉著眼睛的搭檔。她將有機會拍三張照片。她可以把她的「照相機」帶到合適的位置，輕輕抬高或按低他的頭，取得一個合適的角度。當她準備好要拍照時，她輕按她搭檔的肩膀。他短暫的睜開雙眼，他的搭檔就可以「拍照」了，然後他必須立刻再次閉上眼睛。拍完第三張照片，搭檔相互交換角色。

思考：你幫什麼東西拍照了？成為攝影師或照相機的感覺如何？你更喜歡哪個角色？為什麼？

雲朵禪

躺在大地上，望著雲朵。花一點時間，運用你的想像力。帶點創意，想像各種角色及冒險經歷。

思考：你看到了什麼？你想到了什麼故事？你有沒有覺得自己在另一個世界？每朵雲朵保持形狀多長時間？放鬆，並用腹部深呼吸。感覺大地正支持你，想像你是雲朵、大地和你周圍一切事物的一部分。

找到你的石頭①

材料：一些大小差不多的石頭，每個孩子一塊（石頭應接近孩子手掌大小）。

孩子們閉上眼睛，給他們每人一塊石頭，讓他們感受一分鐘。當你取回石頭的時候，他們

①《每個人都贏了！集體遊戲和活動》（*Everyone Wins!: Cooperative Games and Activities* by Josette Luvmour. Gabriola Island, B.C., Canada: New Society Publishers, 2007）.

保持閉著眼睛。你把石頭放到圈子中央。孩子們現在必須睜開眼睛，找到他自己的那塊石頭。另一個方法是讓孩子們感受石頭一分鐘之後，拿回石頭，並請他們仍然閉著眼睛。開始繞著圈子傳遞石頭，讓每個孩子都閉著眼睛逐個感受每塊石頭，直到他們接到自己的石頭。

思考：做這個練習，你感覺如何？你怎麼找到或沒找到你的石頭？你的雙手有何感受？

看到什麼了？

材料：盤子、餐巾或小毛巾、十個或十五個易於識別的日常小物品。

收集如剪刀、透明膠帶、CD、手錶、杯子、叉子、一片水果、迴紋針、釘書機、尺、花朵、茶包等東西。把它們全都放在盤子裡，用餐巾蓋住。當所有的孩子都準備好了，移開餐巾二十秒到三十秒（視東西的多少和孩子的年紀而定）。然後再次蓋住盤子，看看每個孩子能記得多少東西。也可以以小組爲單位來做遊戲。每組寫下他們記得的東西，嘗試盡可能完整地列出物品清單。

思考：你用哪些工具來記住這些東西？什麼有效，什麼無效？

聞到什麼了？

材料：一個小盤子、五到六種不同香味的物品，如肉桂、檸檬、薄荷和其他有強烈氣味的草藥或辛香料。每個孩子一個眼罩。

孩子們帶上眼罩，傳遞其中一種香味物品。孩子們只能拿著盤子；他們不能把東西拿起來（除非辛香料放在瓶子裡）。讓孩子們默默猜測他們聞到的是什麼，但不要移開眼罩。當物品被傳遞過一圈之後，大家可以分享他們的猜測。當所有的香味物品都被傳過一圈之後，拿開眼罩。

思考：你認出了什麼？只能聞不能看的話，你有什麼感覺？

摸到什麼？

材料：不同質地的幾種東西，比如棉花球、松果、一張砂紙、一塊光滑的石頭；每個孩子一個眼罩。

孩子們戴上眼罩，傳遞一種物品，從柔軟的東西開始，比如棉花球。讓孩子們猜這是什麼。然後，傳遞有刺的東西，比如松果；然後是粗糙的東西，比如砂紙；最後傳遞光滑的東西，比如雕木或石頭。讓孩子們默默地猜這是什麼，但是不要拿下眼罩。當物品被傳遞一圈之後，孩子們可以分享他們覺得這是什麼。當所有的東西都被傳遞了一圈，拿掉眼罩，讓孩子們看看他們猜得準不準。

思考：感覺如何？你怎樣猜出來的？

嘗到什麼？

材料：幾種不同水果的小切片

準備不同水果，足夠讓每個孩子各種水果都能分到一片。讓他們戴著眼罩或閉著眼睛吃。

當每個人都吃完後，請他們猜吃的是什麼。

思考：感到意外嗎？與睜著眼睛吃有什麼不同？

聽到什麼？

材料：各種你可以製造不同聲音的東西，比如鐘和鐘槌、口哨、用於掉到水裡的石頭、用來發出刮擦聲的黑板、兩張用於相互摩擦的砂紙、敲釘子的錘子、每個孩子一個眼罩（可自選）。

讓孩子們閉上眼睛（或每個孩子戴上眼罩），然後用其中一種東西製造聲音。讓孩子辨別聲音的來源。用一些東西製造聲音之後，換你自己製造聲音，比如拍掌、清嗓子、咳嗽、用舌頭發出喀噠聲、吹口哨等。孩子們識別出這聲音後，讓他們自己模仿那聲音。然後一個孩子可以選擇做出一種聲音讓其他孩子識別。

思考：**哪些聲音容易識別？哪些不容易？**

看！聽！聞！摸！嘗！

讓孩子們靜靜坐一會。問他們一分鐘之內，他們可以看到、聽到、摸到、嘗到、聞到多少東西？一分鐘結束後，讓孩子們分享他們的體驗。也可以讓他們寫下來。

思考：**你注意到哪些東西？你有沒有注意到某一種感覺比其他感覺更佔主導地位？**

數到十

孩子們圍成圈坐著或站著。大家從一數到十。任何人可以說一個數字，但是如果兩個人同時說一個數字，大家都必須從頭開始。這可能有困難，但值得堅持。這遊戲有助於培養專注、團結友愛和對彼此的覺知。它也是一種有助於讓小組安靜、平和的遊戲。如果孩子們站得靠近一點，肩並肩，或閉上眼睛，效果可能會很好。

思考：從這個活動中你學到了什麼？哪些方法幫助我們數到十？

與自然聯繫

〈我愛大自然〉這首歌在以下所有大自然的活動中都十分有用。

♪ 第二十一首　**我愛大自然**

撿拾遊戲

可以以每個孩子、每組孩子或每個家庭爲單位進行這項活動。給每人、每組或每個家庭一組小卡片，卡片上寫著成對相反的詞。比如，軟和硬、新和舊、野性和馴服、親切和陌生、黑暗和光芒等等。讓他們去戶外找到和每張卡片相應的東西。每個人分享他們爲每張卡片找到了什麼，以及他們爲什麼選擇這個。鼓勵每個人（家長和孩子）分享。

請求大自然同意

在走路禪或遠足中，邀請孩子們去找一個對他們有吸引力的地方。邀請他們靜默的接近這個地方，請求允許坐下來，然後就這樣平靜的坐著。聆聽一會兒大自然的回應。他們可能得到「可以」或「不可以」。如果答案是不可以的話，他們可以找另一個地方，再問一次。你可以解釋大自然有時候拒絕我們，是因爲這個地方對我們不安全或這個地方有什麼東西需要保護。如果答案是可以的話，他們就在自己選的這個地方安靜的坐一會兒。一起回來，然後分享各自的體驗。是什麼吸引他們到這個地方？他們如何感覺大自然的回應？

有些人分享代表「可以」的回應時說，他們感受到一陣微風、一隻鳥的歌聲，或感到胸口一陣暖意。有些人分享「不可以」的回應時說，感受到刺耳的或突發的聲音、或不舒服的身體感受，如被蕁麻刺到、被荊棘扎到。沒有什麼正確或錯誤的體驗。這個練習僅僅培養我們對自然的覺知、對自然的敬意。它幫助我們認識到自己是自然的一部分，而不是它的主人。

在我們身上發現大自然之美②

把孩子們帶到室外的一個地方，請他們看看周圍，找出他們覺得美麗的東西。請他們在周圍環境中挑一樣他們欣賞的東西——無論是樹、松果、山、雲朵、動物、他人或微風。

給他們每人一小張紙和一隻鋼筆或鉛筆，請他們寫下：「我愛……（他們選擇大自然中的某樣東西）因爲……。」或「（他們選擇大自然中的某樣東西）是美麗的，因爲……。」他們可以簡單地寫一兩句話（比如我喜歡柏樹因爲它有力量、芳香、宏偉而且泰然自若）。

當他們寫下這些話，請他們翻過紙，寫下完全一樣的話，用他們自己代替他們選擇的大自然的東西（例如「我愛我自己，因爲我有力量、芳香、宏偉而且泰然自若。」）。然後他們可以思考，認識到自己身上也有與他們所欣賞的大自然一樣的特質時感覺如何。這可以成爲一種很好的思考，思考相即，思考我們和環境原是一體。

自然聖壇

去散個步，並請孩子們挑一樣他們覺得與自己有聯繫或自己認爲代表了美麗、安穩和美善的東西。可以是石頭、樹葉、松果或花，或自然界的任何東西。當你們回到房間，請孩子們分享他們爲什麼選中那樣東西，以及這東西對他們意味著什麼。然後，他們可以正念走路到聖壇，把東西放在那裡。

可以分享一些聖壇的目的和意義，並問孩子們他們家裡有沒有聖壇。現在任何時候他們進入房間，他們可以對聖壇鞠躬，並爲自己所挑選的聖壇上的東西感受激勵、啓發。

找到我特別的樹

和孩子們去大自然裡走一走，看看周圍所有的樹。每個孩子尋找一棵特別的樹。當孩子找到它，他們向樹介紹自己，並告訴它一些自己的特質。過一會，他們可以告訴樹他們注意到的樹有哪些特質。然後，他們可以和朋友分享這方面的訊息。鼓勵每個孩子在需要的時候讓這特別的樹庇護自己，並每天拜訪它。這是一個安全的地方，他們可以僅僅到那裡放鬆並回到自己。

親愛的樹，你叫什麼名字?

傾聽、深入地觀察並陪著這樹，同時看見樹的所有美好品質，然後孩子就可以看看樹會否

②這個活動和前面的活動來自Michael J. Cohen《重要的生命之網：幫助人們用自然系統平衡思考的再生生態心理學技巧》（*The Web of Life Imperative: Regenerative Ecopsychology Techniques that Help People Think in Balance with Natural Systems*. Bloomington, IN: Trafford Publishing, 2003）

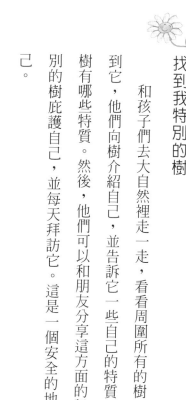

告訴我們它的名字。或孩子可以給樹取名字。然後孩子們可以介紹朋友來到他們的樹下，他們可以分享樹的所有優點，並告訴對方自己為什麼喜歡它。

親愛的樹，你說了什麼？

材料：給每個孩子紙和鉛筆

每個孩子坐在自己那棵特別的樹下，傾聽他們的樹給他們的信息，也傾聽附近石頭、昆蟲、苔蘚、樹皮和樹葉給他們的信息。他們把這信息寫在紙上，或畫下這信息的意義。然後孩子們跑去把這信息傳遞給一位朋友的樹。

樹的姿勢

以瑜伽的方式練習樹的姿勢。僅用一隻腳站立，另一隻腳則靠在站立那隻腳的內側；雙手可以在胸口合掌，保持平衡良好的話，也可以舉起過頭。注意你腳扎根大地（哪怕你只是想像）時的區別。注意當你的眼睛凝視前方的一點並專注的時候發生了什麼。不能單腳站立的孩子們，可以舉起雙臂把手掌合十放在他們頭上，想像自己是一棵樹。當你專注於呼吸或腹部的時候發生了什麼？你什麼時候有「最好的」平衡？你可以教他們唱〈站得像一棵樹〉（Standing Like a Tree）。

♪ 第二十五首　站得像一棵樹

大自然步行活動

- **野餐步行**：每個人攜帶野餐的一小部分東西。
- **講故事步行**：邀請嘉賓來講故事，小組每次聽一段故事的時候就按例停下來。或在較長的休息中一次講完整個故事。或讓孩子們每次休息的時候講他們準備好的關於大自然的故事。
- **收集步行**：步行並從大自然收集一些特別的東西，用來放到自然聖壇上、用來做海報，或用來製作卡片或在石頭上畫畫。
- **閉眼步行**：一個人引導另一個人，後者閉上眼睛。然後交換引導和被引導。（讓孩子們注意陽光和陰影、方向、上下等。）引導者也可以讓閉著眼的搭檔接觸一樣大自然裡的東西，閉著眼睛探索它。
- **傾聽**：靜靜站住、閉上眼睛，張開耳朵。你聽到了什麼？稍後重複聽到的聲音——汽車、牛、雞啼、蜜峰、小鳥、說話、風。

- **赤腳步行**：赤腳步行時注意你的腳掌，以及它們如何聯繫大地。這是介紹走路禪的有趣方法。
- **自然曼陀羅**：出去走一走，並挑一個地方坐下來。注意你周圍的一切。過一會，用你周圍大自然的東西，例如：石頭、樹葉、花朵、草和土，製做一個曼陀羅；當每個人都做好了，在這個「美術展覽館」步行，這樣孩子們可以欣賞每個人的藝術作品。或一起做一個大的曼陀羅，將其分成不同的部分，每個孩子用大自然的物品裝飾其中一部分。

告別

生命之網

材料：毛線團。

孩子們圍坐一圈。拿著毛線團，分享相聚在一起的一件重要事情。然後把毛線團扔給其他人，但仍抓著毛線的一小段。那個接到毛線團的人繼續分享。到最後，每個人都抓著他們那部分的毛線。小組隊長可以說類似以下的話：

即使我們就要回家，我們也會保持聯繫，就像這條毛線把我們聯繫在一起一樣。我們將在一起的時刻帶回到我們的家庭和學校，我們同樣也帶著彼此。然後我們在家裡創造我們的練習網。所以，從這個大的網絡中，我們每個人會增長出一些小的網絡。

這裡有一些其他告別環節的分享話題：我體驗到一些歡喜的事情是……我記得當……我感謝……。

讓孩子也分享在這些項目中他們喜歡和不喜歡的內容是有益的，這有助於改進將來的活動。你也可以問他們會帶什麼回家，他們學會了哪些練習或事情。你可以用小組成員相互擁抱和一起唱一首歌來結束。

9 培養我們的幸福，擁抱我們的痛苦

我們堅持某種幸福的觀念。我們認爲如果自己不能實現這樣或那樣、不能改變這樣或那樣，那麼永遠都不可能幸福。因爲我們侷限於對幸福的某種特定觀念，我們沒有跟自己平和相處。我們一直要做點什麼、實現一些什麼；然而幸福可能已經在那裡了。所有讓你覺得幸福的條件其實已經在那裡了。你只需要認出這些條件來。但如果你不是活在當下、覺照常在的話，又怎麼能認出來呢？

也許你沒有意識到「驕陽懸空」就是讓你幸福的條件。就用一秒鐘，抬頭看看，你會發現地球上所有的生命都依賴太陽才有可能存在。我們所有的食物都來自陽光、來自太陽。當你這樣去看待太陽，你把太陽看成父親、母親——滋養你的每一天。太陽永遠爲你存在。你也許自己會這樣想，「沒有人關心我，沒有人愛我，沒有人注意我。」但是太陽滋養著你的每一秒、每一天。地球、樹木、流水、空氣、廚師、農夫、飛鳥、昆蟲，這些都爲你存在。

我們當中有練習停下來、活在當下的人，這些人有能力觸及許多此時此地讓我們幸福的條件。我們會發現自己不需要更多，因爲已經有很多讓我們有足夠幸福的條件了。「停下來」非常重要。如果一直往前奔跑，就很難感覺幸福。「停下來」能讓你的身心休息。「停下來」會讓你認出自己幸福的條件已然具足。

正念的練習幫助我們在此時、在此地感受幸福。我們不用等上十年才可以幸福。此刻我們正念呼吸，我們立刻感到平和、清新和安穩。我們不用等待。正念能幫助我們立刻變得幸福，就在今天。

培養幸福

讓我們的幸福增長

材料：每個孩子：一個透明的大開口瓶子或透明的塑膠杯（或切開到頂端四分之一的透明塑膠水瓶）、一張紙巾、泥土、八顆白扁豆或斑豆；一支供全班使用的永久馬克筆。①

我們要來種小豆種子。

注意：當你給孩子們以下指示的時候，示範並幫助他們：

讓我們為你的小豆種子命名。一種豆子會成為你的開心豆；你會用讓你真正開心的方式來命名豆子。比如，別人對你微笑的時候，你開心嗎？當你對別人微笑的時候，你開心嗎？如果是的話，你可以叫你的小豆「微笑」。你們的開心豆也可以叫做「正念」、「慷慨」、「自在」、「安全」、「愛」、「希望」或「分享」。

什麼讓你真正開心？

（和狗狗一起玩，和朋友們在一起，分享，鳶尾花）

你還有一顆小豆叫做不開心豆；你會用讓你不開心的狀態來命名豆子。比如，如果你或是你認識的人在生氣，你是否不開心？如果生氣讓你不開心，你可以叫你的小豆「生氣」。不開心豆還可以叫做「自私」、「恐懼」、「悲傷」、「不耐煩」、「匆忙」和「妒忌」。

什麼讓你不開心？

（打架，戰爭，偷竊，不願分享）

用一張紙巾圍在杯子裡面。在杯內的紙巾裡小心的加入泥土，裝到四分之三滿。在紙巾和杯子之間放入四顆豆子。在豆子和豆子之間留出寬闊的空隙。和我們一樣，豆子喜歡自由！

①如果不能使用真實材料來練習的話，你可以畫出這些種子；每個孩子需要一張紙和一支筆。讓孩子們畫一個圓圈代表他們的心，在圓圈中畫種子代表他們的情緒。然後，讓他們指出每顆種子的名字。你可以這樣修改練習和討論。

注意：我們用透明的杯子和紙巾，這樣孩子們可以觀察豆子根莖的成長。

使用永久馬克筆在杯子上寫下你的豆子名。

我們內心都有開心的種子，也都有憤怒、自私、恐懼、不耐煩、匆忙、爭鬥、偷竊和妒忌的種子（還有很多其他不開心的種子！），我們無需判斷或排斥它們，僅僅需要認出它們，對它們保持正念覺知。當因緣成熟，我們的「種子」也會成長。如同我們的小豆種子，只要我們給內心的開心種子土壤、空氣、陽光和水，它們就會成長。當然，如果我們給內心不開心種子所需要的，它們也會成長！和我們的小豆種子一樣，我們自己負責決定內心哪些種子成長、哪些不成長。

「給我們內心的種子空氣」是什麼意思？

（自在、空間、時間）

「給我們內心的種子陽光」是什麼意思？

（注意我們的種子；照亮它們）

怎樣可以給我們內心的種子澆水（或不澆水）？

在指導下，孩子們會想出一些澆灌或不澆灌我們內心開心豆和不開心豆的方法：

- **練習**：「澆灌微笑種子的方法之一是常常微笑。」
- **覺知**：「當我澆灌慷慨種子的時候，我注意到自己變得慷慨。」
- **不要專注於**：「不澆灌憤怒種子的方法之一就是注意到憤怒，但並不繼續專注於憤怒。」
- **檢查自己的認知**：「我可以這樣問自己，『我確定嗎？』當我開始妒忌朋友的時候，我確定朋友擁有的是我想要的嗎？」
- **仁慈**：「澆灌愛的種子的一種方法，是告訴我們的朋友我們愛他們。」
- **念誦偈子**：「澆灌感恩種子的一種方法是念誦食前觀想。」（見一七六頁）
- **吸氣呼氣**：「不澆灌恐懼種子的一種方法是注意我們的呼吸。」
- **不要收看不良的電視劇或電影或收聽電臺裡不良的歌曲**：「不澆灌小氣種子的一種方法是只看友好和仁慈的電視劇。」
- **理解**：「當我被家人激怒的時候，我嘗試理解他們爲什麼做這些激怒我的事情。」
- **三步驟**：「不澆灌悲傷種子的一種方法是這三步驟：**1.** 享受讓我開心的事物。**2.** 注意到我悲傷的時候。**3.** 遲一些，當我不再悲傷時，想一想是什麼讓我悲傷，並嘗試去理解和改變它。」

教孩子們唱〈快樂是此時此地〉（Happiness is Here and Now）這首歌。邀請孩子們將種子帶回家照顧。

♪ 第二十六首 快樂是此時此地

什麼讓我開心呢②

材料：有圖片的舊雜誌、剪刀、膠水、蠟筆、馬克筆、彩色粉筆或塗料、每個孩子若干張紙

我們可以說幸福有兩種：吃甜食的幸福和內在平和的幸福。第一種幸福來自可口的零食或你喜歡的玩意，比如新的玩具或一塊蛋糕。另一種幸福則來自完全平和的心，就好像你覺得完全被大人的愛所包圍。

第一種幸福並不真實，因為它不會持久，它結束之後帶給我們更多的問題。第二種幸福才是愈加真實、寬廣並且深刻的，一如大海。

用讓你開心的東西做一張拼貼畫，比如吃甜筒或擁抱家

人。如果你找不到圖片，那就畫一張代替。使用開心的圖案裝飾拼貼畫的背景。

完成之後，做兩個列表：短期愉悅和長期愉悅。拼圖中每種開心屬於哪張圖？在一張新的紙上，畫更大的圖，以記錄你最喜歡的開心例子。

教孩子們唱這首〈燦爛的笑〉（Great Big Smile）。

♪ 第二十七首　燦爛的笑

滿足

材料：每個孩子一片水果、一小瓶水、紙和鉛筆

什麼是滿足？滿足是對我們所擁有的感到滿意和感激。我們可以花時間滿足地享受簡單的事

②下面的三個練習來自大衛．理克羅夫特（David Rycroft）《Rigpe Yeshe青少年指南》（*Rigpe Yeshe Study Pack for Children and Teenagers*）

情；我們享受喝一杯水，就好像它是全世界最美味、最昂貴的飲料！

不滿足，則是滿足的反面，是不斷地需要更多的東西，比如媽媽給你講了兩個故事而不是一個，可你還要聽第三個故事；或你已經得到一片美味的巧克力蛋糕，但你還想要更多。

慢慢地、仔細地吃一片水果，注意水果看起來怎麼樣，感覺怎麼樣，味道怎麼樣。用同樣的方式喝一杯水。描述一下你的經歷。

當你完成這寫作，創作一首詩。包括「滿足」和一些描述滿足的詞語。

長久的幸福和覺悟

材料：每個孩子一張紙、鉛筆、鋼筆、馬克筆、蠟筆或塗料、用於製作徽章的卡片紙（可自選）、用於剪徽章的剪刀（可自選）

我們（你、我、每個人，甚至幼小的昆蟲）都有可能培養長久的幸福。因爲我們心中都有佛性、覺悟的種子，所以我們都可以成佛。

畫一些代表佛性的形狀和圖案，例如你最好的特質：清晰、活在當下、有愛心以及平和（雖然多數時候我們忘記它了）。你可以做一個小版的設計，這樣你可以把它做成隨身佩帶的襟章，提醒你自己擁有佛性！

感激

——艾瑞克．理德（Eric Reed）

我曾參加梅村夏季禪修營兒童活動的工作。一天，一個七歲左右的小女孩想要去禪堂坐禪而不是自由活動。我告訴她可以。半小時之後，她精神奕奕地回來了。我問她，這段時間做了什麼，她告訴我她坐著，然後數出每樣她感激的東西。我問她是否她離開了這麼久都在做這件事。她說是的，並且和我分享所有她感激的東西。我大為驚訝。

擁抱痛苦

很多佛經中提到，蓮花只能從淤泥中長出。看一看蓮花，美麗、優雅、芳香，你會看到泥土。你不可能在大理石上種出蓮花。你需要淤泥。你意識中的負面因素，可以滋養你的慈悲與你的愛。這是佛陀看事情的方法。如果你從來不知道什麼是飢餓，你怎麼可能享受擁有食物的喜悅？如果你不曾受苦，那麼歡喜、快樂的時候，你也不能認出歡喜快樂。因此，痛苦在我們的快樂中扮演很重要的角色。謝謝痛苦，讓我們可以培養理解和慈悲。如果你不曾受苦，你就無法理解人的痛苦，也不可能慈悲。

我們無需害怕痛苦，我們應該知道如何從中受益。這樣我們會懂得如何防止被痛苦吞沒，就是這樣。我們需要痛苦，才可能理解和慈悲。佛陀說：「此有故彼有。」如果沒有左，就沒有右。沒有淤泥，就沒有蓮花。想要尋找沒有痛苦的地方是天真的。上帝的天國或佛陀的淨土並非是沒有痛苦存在的地方；相反的，那裡是充滿理解和慈悲的地方。如果有理解和慈悲，痛苦必然存在，否則你要對什麼感到慈悲？

如果我有能力培養自在、理解和慈悲，那是因爲我經歷過痛苦。如果我不曾經歷痛苦，那麼我無法擁有現在這些我所享受的自在、理解和慈悲，而且我也無法教導弟子這樣去做。所以，讓我們深入觀察痛苦的本質，而不要害怕它。它可以教會我們很多，幫助我們培養理解和慈悲。因此，讓我們嘗試不要逃避痛苦。所有的有機園丁都知道，他們需要肥料來滋養花朵和蔬菜。所以，如果你經歷了痛苦，這意味著你有了幸福的基本條件。

我們有可能經歷精神上的黑暗卻仍幸福。身體也是這樣，因爲我們不可能有完美的身體和心理健康。哪怕我們的精神或身體出了毛病，也可能帶著疾病而幸福。當我們把石子投入河中，不論石子是多麼小，都會沉入河中。但如果你有一艘船，你可以帶著很重的石子也不會沉。練習的社群就是你的船，它可以裝載你個人的練習。如果你練習得好，你的練習可以擁抱並承載痛苦。

學生分享關於幸福和簡單生活

「幸福生活並非必須有奢華的物質。過著簡單的生活，我們也可以享受生命，感到放鬆。」

「我只用很少的電子產品，也可以生活得好。」

「地球資源並非無窮無盡；我們需要保護地球。」

「我們不需要過複雜的生活；我們可以讓自己有更多的時間靜思，考慮我們的生活。」

「我們可以減少使用污染自然的東西。」

「簡單生活，才是真正的幸福。」

記得越法戰爭時，我還是一位年輕的僧人，我曾每天發燒，但沒有有效的藥。然而我從未缺席過一次課。那時我在教年輕的比丘和比丘尼。我非常渴望培養年輕一代的比丘和比丘尼，這樣他們可以為社會提供一種新的、更加實用的佛法練習。這種練習可以更妥善地處理國家中的苦難。對我來說，教導年輕的比丘和比丘尼是巨大的喜悅。雖然發燒了，但我仍上課。我的喜悅足夠擁抱我的痛苦。所以哪怕你在受苦，如果你有練習的喜悅，且有僧團的支持，那麼你就有可能超越身體和精神的痛苦。你不必沉入河中。

允許你的痛苦存在吧！不要嘗試過於快速地除去痛苦。培養新的練習和喜悅之前，你可以僅僅認出它，並允許它存在。有一天，當你的練習和喜悅足夠強大時，你將恢復內在的平衡。開始的時候也許有點難。但有僧團慈愛的支持，會變得容易些。你可以請求僧團幫助，以支撐住你的痛苦和黑暗。有一天，你會恢復平衡。正面和負面的情緒本質都是有機的。這就是為什麼增長一方意味著縮減另一方。僅僅培養正面的，而不去嘗試改變負面的，已能創造轉化。

分享

穩固如山

——特瑞・柯爾特斯—維嘉（Terry Cortes-Vega），於美國瑪斯特學校

在我們的週末禪修營中，佛法導師真輝（Chan Huy）坐在六十多個大人和六個孩子之前，孩子們從兩到十四歲不等。

「請坐到我身邊來，」真輝說，並帶著微笑移向孩子們。在講台上，他們笑呵呵地坐到他身邊。

「你們今天怎麼樣？」他問。

「下雪了！」六歲的茱莉亞・凱特（Julia Kate）熱情地回答。

「你管這個叫雪？」真輝咧嘴一笑。「太小了！」

「但也是雪啊！」她堅持。「我做了一個雪球，扔到了亞力克斯！」

「好吧，」真輝向孩子們微笑，「今天，你們有什麼要問我的？」

「我有，」七歲的伊蓮娜溫和地說。

「你想問什麼，伊蓮娜？」

「我想知道，」她猶豫了一下，繼續說，「有人嘲笑你的文化時，你該怎麼辦？」真輝看著孩子。很長時間的安靜。

「我在想我上次被嘲笑的時候，」他終於說話。孩子們安靜地坐著，看著他的眼睛，耐心等待他回憶。

過了一會真輝說，「我想不起來自己上一次被嘲笑的時候了。那個孩子怎麼嘲笑你？」他問伊蓮娜。她是個華裔美籍孩子，她往後拉她的眼睛，「像這樣」她輕聲說。聽眾中的大人都覺得胃部緊張了起來。

「別人這樣嘲笑你的時候，你做了什麼？」真輝問她。

「我試著不理他們，」她說，「但是不容易。」

「嗯……」真輝停頓了一會。然後他問，「現在你參加過我們禪修營了，你覺得如果現在有孩子嘲笑你的文化，你會怎麼做？」

伊蓮娜想了一會。我們大人也在想。我要做什麼才可以幫助這個美麗的孩子？我應該告訴她怎麼做？房間裡充滿了一心思索的寂靜。

然後，伊蓮娜溫和地說，「我想我會唱〈吸進來，呼出去〉」大人們深深呼吸。有的人還泛著淚光。

「現在你願意唱這首歌嗎？」真輝溫柔的問。伊蓮娜點了點頭。他從外套翻領上拿下麥克風，放在她嘴邊。她開始唱。童聲下，大人們安靜地和著。

♪ 第六首 吸進來，呼出去

Q&A

成爲一朵花兒：幫助孩子們應對嘲笑和欺負

孩子提問：親愛的一行禪師，其他孩子取笑我們的時候，我們應該怎麼辦？

一行禪師：有很多練習方法。如果你是很好的練習者，那麼你可以回到正念呼吸，並且只對取笑你的人微微一笑。你並不生氣；僅僅看著他微笑。這告訴他你不會受他的影響而被激怒。雖然你什麼都不說，但信息表達得很清楚：我內在平和，我不會憤怒。這對他而言也是一種教導。只有你事先練習才能這樣做。如果家裡有人激怒你，你可以回到自己的呼吸。「吸氣，微笑。呼氣，平和。」你僅僅看著他，心中默默地說：「你爲什麼要那樣做？」你不用大聲說出來。你僅僅看著，微笑，內心充滿慈悲。你明白，這個人不開心，這就是爲什麼他試圖表達他的暴力和憤怒。你知道開心的人不會讓其他人不開心。

當你覺得被激怒時，什麼也不要說，什麼也不要做。僅僅回到自己的呼吸，練習正念呼吸。「吸氣，我感覺平和。呼氣，我不會變得憤怒。」保持花一般的微笑，你可以讓任何人消除怒氣。這樣他們會能從你身上學習。做一朵花。

當你去觸怒一朵花，當你用惡毒的名字稱呼一朵花，花會怎麼做？花會繼續對你微笑。做一朵花。有人過來試著觸怒你，你僅僅是練習「吸氣，我如花般清新。呼吸，我穩固如山。」你有自己內在的花和山。

當然，別人對我們說刻薄的話，我們都會感覺受傷。這很自然。好好使用你內在的花和山，你將不會受到他人言語的影響。如果你從小時候開始練習，將來你會成爲傑出的練習者，你可以幫助很多人，包括你的孩子、孫兒。

當然，保持平和並不是說你不應該照顧自己、保護自己！你應該的。如果你在學校受到驚嚇或有人威脅你或未經允許碰你，那你就不只是安靜的呼吸！不管去哪裡，你應當安全，且照顧自己。保護自己非常重要，去一個安全的地方，立刻告訴大人發生了什麼事。向一個你信任的成年人尋求幫助。

Q&A

平和的睡覺

❖ **孩子提問：**我有兩個問題。如果我做了噩夢，害怕再睡覺，怎麼辦？第二個問題是，有時候我會睡不著。

一行禪師：我有一些建議，儘管並不完整。當你噩夢醒來時，不要立刻接著去睡覺。你可以起來坐一坐，並按摩自己。或者你可以站起來，做一些正念運動，在睡前改善血液循環。或者你可以喝一杯熱水。

看電視的時候要小心。電視裡很多畫面會讓我們做噩夢，所以我們要小心選擇觀看的電視節目。同時，我們也不應該聽會讓自己做噩夢的故事。

第三個建議是在你睡覺前做一些深度放鬆。平躺，跟隨你的呼吸，隨著〈吸進來，呼出去〉這首歌練習呼吸，讓身體放鬆。這是將愛傳遞給你的身體和意識的練習。

另一個建議是大人可以管理他們的日常生活，讓自己在言行上更加放鬆。如果孩子生活在平和、充滿愛的環境裡，且受到保護，就不會在電視、書本、故事和言談中接受到暴力的元素，他的睡眠質量會得到改善。

擁抱我們的情緒

認出感受和情緒

小組隊長可以開始這些句子，由孩子們輪流完成它們。

今天當……時候，是我最開心的時候。如果我可以收到一封信，我希望是從……來的信。當……時候，我覺得開心。當……時候，我覺得難過。當……時候，我覺得感激。當……時候，我覺得憤怒。當……時候，我覺得平和。當……時候，我覺得害怕。

感受卡片

材料：八到十五張索引卡、彩色鉛筆、蠟筆、馬克筆或鋼筆

使用索引卡，孩子們在卡的一面畫上一張表情圖片。每個孩子可以選擇畫一種表情：開心、悲傷、驚訝、好奇、害怕、受傷、平靜等。（可以帶一張有多種表情的列表或示圖，供孩子們選擇。）收集卡片。

每個孩子拿一張卡片，並在小組中示範這個表情。其他的孩子猜那是什麼表情。或者，每個孩子選一張卡片，並解釋爲什麼選它。也許這是孩子今天的感受。小組隊長也可以一張一張地讀出卡片，並請孩子們一起示範每個表情看起來是什麼樣的。

照顧我們的靜修處

一天早上，當我住在法國鄉村小木屋的時候，我決定在附近的小樹林渡過一整天，所以我準備了三明治、一壺水和一個當坐墊用的小毯子。離開之前，我打開了所有的窗戶，讓陽光照進來，曬乾屋裡的一切。整個上午我非常享受，但下午三點左右天開始起風，烏雲密布。

我知道自己必須回到靜修處，因爲窗門大開。當我回到靜修處時，小木屋糟糕極了。風把我桌上的紙全吹到了地上。屋裡很暗、很冷、不舒服，但我不擔心。我明確知道應該怎麼做。我首先關了窗門。然後我燃起煤油燈照亮小屋，因爲屋裡沒有電。我在壁爐裡生起火，把散落地面的紙撿起來，放回桌上。

我回到壁爐前，火光很美麗。現在小屋已經溫暖而舒適，我享受在壁爐前坐著、呼吸。外面風還是很大，樹木在風中搖擺，但在我的小木屋裡，我感覺溫暖、舒適、舒服而且愉悅。

有些時候，你心裡不舒服。你感覺不好，就像在狂風中的木屋裡，一切散落四周。你嘗試說點什麼讓局面好過，可情況變得更糟。你想，「今天不太順。」

這就像我在風暴中回到靜修處，練習是一樣的：你必須關閉門窗。這窗是眼睛、耳朵和嘴巴，把它們都關起來。當你覺得悲傷，你要和我在靜修處一樣的練習。你必須關閉眼耳的門窗。不要再看或聽任何東西。然後點燃一盞燈，覺醒之燈，正念之燈。吸氣。呼氣。正念如同你可以在心內點燃的一盞燈。

你可以在你內心燃起爐火來取暖。回歸自己，整理好你內在的靜修處。我們每個人內在都有一處靜修之地，無論到任何地方，我們都可以隨身帶著這個內在的靜修處。感到悲傷的時候，你可以和我一樣把靜修處收拾好。回到你的靜修處，好好照顧它。關起所有門窗。點起爐火，把你內在的靜修處收拾好。

透過正念呼吸和正念走路恢復平和喜悅是可能的。一旦成功了一次，你有了自信，那麼下次你進入這種心理狀態時，就知道怎樣可以感覺更舒服、更愉快。我們的身體是我們的靜修處。我們的心是我們的靜修處。不懂得如何使用我們的靜修處來帶給我們保護、療癒和喜樂的話，是十分可惜的事情。

腹式呼吸

當難過、失望或憤怒的感受升起，我們應該停止正在做的事，回到自己、照顧自己。我們可以坐下來，也可以躺下來，練習正念呼吸。日常的呼吸練習非常重要。強烈的情緒如同風暴，當風暴來臨，我們應該做好準備去應付。我們不應該沉迷於自己的頭腦、自己的念頭，而是把注意力放到我們的腹部上。我們可以練習正念呼吸，逐漸注意腹部的隆起與落下。吸氣，隆起；呼氣，落下。隆起，落下。我們停止所有的思考，因爲思考會讓情緒更強烈。

我們應該意識到情緒只是情緒；它升起，停留一段時間，然後過去，如同風暴。我們不應該因爲一個情緒去死。我們應該提醒年輕人注意這些。我們可不止是自己的情緒，我們應該照顧好它們，不管是憤怒還是絕望。我們不再思考，我們只是百分之百地專注腹部的隆起與落下，此刻我們是安全的。我們的情緒可能維持五到十分鐘，但如果我們繼續吸氣、呼氣，我們將是安全的，因爲正念會保護我們。正念是我們內在的佛陀，幫助我們練習腹式呼吸。

我們就像風暴中的樹。如果你看樹頂，你會有種樹可能會被吹走，或樹枝隨時會折斷的印象；但如果你轉移注意到樹幹，你會覺察樹根深入泥土，那麼你會看到樹木的穩固。我們的頭腦是樹頂，所以不要躊躇在那兒；把注意移至樹幹。腹部是樹幹，所以停留在那裡，練習正念、深沉的呼吸，過一會兒，情緒會過去的。當你成功渡過一種情緒時，下次你就知道當一種強烈的情緒升起時，你可以再次成功渡過。但不要等到有強烈的情緒時再練習。每天練習深呼吸、正念呼吸很重要。大概二十一天之後，當強烈的情緒升起時，你會自動記得開始練習。

把這樣的練習教給年輕人，你可能會救人一命。如果老師懂得處理自己的情緒，他們可以在課堂上幫助學生們做同樣的事情。有些學生被痛苦的情緒壓倒，使得他們無法學習。在課堂上設置深度放鬆的練習、教導腹式呼吸，以及幫助年輕人學習應對情緒十分重要。我希望這樣的練習可以在教育體系內廣泛分享。

學生分享如何平復強烈情緒

「我已經學會了如何放鬆我的頭腦、釋放壓力和負面能量，並且覺得充滿了力量。」

「當我覺得自己的情緒不夠穩定時，我會練習深呼吸，並回到我自己。」

「我可以每天開懷大笑來放鬆身心。」

「我學會為了開心幸福而心存感激。」

「當我覺得生氣時，我會去一個安靜的地方，並閉上眼睛，放鬆身心和思慮。」

「我更加自信。無論何時覺得累了或煩惱，我可以平靜下來並覺知自己的呼吸。」

兩人一組練習腹式呼吸

用自己的話分享前面關於照顧我們靜修處和腹式呼吸的教導。然後問孩子們：

在你的生活中有被強烈情緒佔據的經驗嗎？你如何對應的？你看到過其他人遭遇強烈的情緒嗎？他們如何對應？現在我們學習如何在有強烈情緒的時候呼吸，這樣我們可以平復下來。

讓孩子們兩人一組。一個孩子躺下來，另一個坐在他身邊，手輕輕地放在她同伴的肚子上。他們可以一起辨別吸氣和呼氣，也許是數到某個特定的數字。然後和同伴交換位置。當他們完成之後，問問這樣呼吸的感覺如何？

現在請孩子們各自躺下來，把手放在自己的肚子上，這樣他們可以更清楚地感覺腹部隆起和落下。或者他們可以用一本書，或者其他重量相似的東西放在肚子上，這樣他們可以感受呼吸並看到腹部起落。經過一分鐘左右，他們可以坐起來。問問他們：

是否可以專注自己的腹部和呼吸？這與同伴一起練習有什麼區別？

如果孩子們可以定期這樣練習呼吸，這將有助於他們在經歷情緒風暴的時候記得練習。教孩子們唱〈感受頌〉（Feelings Gatha）這首歌來結束這個活動。

♪ 第二十八首 感受頌

分享

香港的靈性教育

——關俊棠神父③和張仕娟女士，於香港

根據我過去數年的觀察，很多天主教學校只給學生提供宗教知識，但很少關注老師和學生的靈性維度。所以在二〇〇八年，當我被天主教研究中心要求做靈性教育的時候，我想，為什

③關俊棠神父是來自香港的天主教神父，在梅村練習之後返回香港，在他的教區開始正念教育，也將正念教育帶入其他學校。

麼不利用這個機會介紹靈性練習來滋養老師和學生，並轉化宗教教育呢？

於是，我開始了一個計畫。一開始是介紹三種天主教靜觀的傳統：方濟會、本篤會、依納爵，接著示範一行禪師的正念教育。大約三十名教師參加半天、一天或晚上的禪修營，在這裡他們有機會休息、反思，並得到靈性滋養。透過練習，老師們得到啓發，並學習如何將練習應用到他們的學校。

兩年後，我們看到這個計畫開花結果。這個學年（二〇〇九年至二〇一〇年）有多於八所的學校（新教、天主教和非宗教的）參加了這個項目。多於四十位新教師參加了培訓。這個計畫一直在成長。

張仕娟是一位在天主教學校推行靈性教育的老師，她寫道：

「我們看到學生平靜下來，享受安靜。我們都需要什麼都不做、放空的時刻。年輕人把很多空餘時間用在電子設備上，這讓他們的身心疲憊。這個計畫給他們一個機會獲得休息，以及聯繫自己的心靈。

「在這個部分，並沒有什麼教導，也沒有教具。學生們自己就是教具。我們幫助年輕人覺察呼吸、身體、步伐、言語和情緒。接著我們提供他們空間，去感受什麼是放鬆，什麼是自在平和。自我覺醒是轉化的開始。很多學生說，參加活動之後他們了解自己需要什麼：早睡早起；如何放鬆自己；還學會如何減少說負面言語。

「在第一次『放鬆和減少壓力環節』中，一百二十名學生透過老師的幫助，找到平靜和放鬆。他們建議學校更頻繁地組織這個環節。就這個活動學生所寫的日誌裡，我們可以看出他們想要活得有意義的心願。」④

④參加香港靈性教育計畫的學生們的分享記錄在本書中不同的章節。

10 充滿愛的教室：療癒困難

一天，佛陀去樹林行禪，在回來的路上他撿起了一把憍賞彌申恕（Simsapa）樹葉。在樹林入口，佛陀看見一群比丘。他對他們微笑，並拿出憍賞彌申恕樹葉。他問道：「親愛的朋友們，哪樣數量更多呢？樹林裡的憍賞彌申恕樹葉還是我手上的？」比丘們回答，「親愛的老師，您手中的樹葉，與樹林裡的相比是很少的。」佛陀說：「親愛的朋友們，我所知的非常多，但我教你們的很少。我不教你們我知道的所有事情，因為我覺得它們無益於你們的轉化、療癒和喜樂。我只給你們真正需要的。」

同樣，我們也應該首先給孩子們真正需要的，如果還有多餘的時間，那麼我們可以提供給他們其他的知識。我希望教育領域的領導人，包括教育部，都能認真思考這一點。他們需要瞭解老師們因為沉重的教學任務而覺得自己並沒有足夠的時間。當學生因暴力、失落、憤怒和缺少愛而受苦時，這會造成他們學習的困難。教育者必須回應此基本問題。

我們知道每個人都有自己的深層需要。每個人最深層的需要是愛和被愛。一定有辦法可以接觸學生心中愛的種子。愛是一種藝術。如果教育者懂得如何去愛，那麼可以幫助學生學習如何愛和接受愛。

第二種深層的需要是理解。如果我們很好奇，那麼我們會想要學習。如果我們能夠接觸我們學生的這些種子，那麼他們會想學習。我們不必強迫他們，這樣的話，教育和學習才會是愉悅的。

當我進入教室，我總是覺得很愉快。當我面對學生們，我覺得開心，他們也覺得開心，因爲我們分享同一種需要。我們教學的目標應該是愉快的，而且能夠觸及學生和老師的愛與好奇。不僅對於學生，對於我們自己，這也是可能的。因爲我們老師也需要愛、被愛、被理解。我們不僅需要被學生理解，也需要有董事會、同事、員工和教育部的理解。如果我們覺得自己得不到理解，那麼我們不會開心，也做不好工作。教育領域的人們應該學會彼此傾聽，並練習溫和的愛語，來幫助彼此理解及看到我們的難處和煩惱。學校系統可以如四眾僧團一樣運行，那是教育者的僧團。我們可以一起來，表達我們的關心和洞察，以幫助他人意識到我們的難處。

在教育領域，我們很多人都有能力去組織細心聆聽的環節。我們可以選取社群中的一些成員去表達我們所關心的部份。我們必須要求負責教育領域的人，包括立法者、政府官員，前來聆聽我們的聲音。這是共同練習第四項正念練習，愛語和聆聽。① 我們可以邀請國家中懂得如何聆聽的智者（如學者、記者、作者、詩人和政治家等）一起來練習坐禪，聆聽我們。他們這幾十人可以聆聽我們作爲教育者的苦惱，以及我們學生的苦惱。整個環節可以電視播送，讓整個國家觀看。

分享

一位教師分享她的苦惱

——來自一行禪師禪修營中細心聆聽的環節

我住在紐約布魯克林，我教一個有三年級和四年級的班。我非常擔心我的學生。他們很焦慮，腦子裡有太多事情。我看不到他們的害怕和焦慮有什麼出口。

有時候如果教室裡十分混亂，我會停下所有事情，說：「我們得停一會。」我關了燈，然後問：「發生什麼了？為什麼情緒這麼高漲？為什麼每個人都這樣混亂？」孩子會告訴我，「我昨晚沒怎麼睡。」「我住的大廈很吵。」「我等媽媽下班回家。她一直到半夜才回來。」「我沒吃早飯。」我們會討論這些，這樣做很有幫助，然後我們回到正軌。我發現，如果不理解學生的焦慮，或只是說「我必須上完這節數學課。」那麼，我不僅錯過了這節課，而且我也錯過了接觸這些孩子的機會。

我想，親愛的父母們，希望你們可以花更多的時間和孩子們在一起。從我一個老師來看，

①五項正念練習之一，佛陀教導的倫理指導。可以在www.plantingseeds.org閱讀全文，更多詳細講解可見於一行禪師的《使未來成真》（*For a Future to Be Possible*, by Thich Nhat Hanh. Parallax Press, 1993, 2007）.

我認為對孩子最大的幫助，是細心聆聽孩子正在經歷什麼。孩子很擔心你們，他們也擔心自己。我們應該一起照顧他們；我們應該讓他們用話語來表達自己的感受。我們應該給我們的孩子出口——聆聽的耳朵，正念傾聽。

家園一般的教室

禪修不再是個人的練習。我們必須以僧團、以社群的方式來練習。我們以一個國家和民族的規模來練習五項正念練習。在教室裡老師應該有時間聆聽學生的煩惱和困難。這會爲學生們帶來安慰，使得他們有能力學習和接受我們想傳遞的內容。學生也應該有機會瞭解老師的煩惱和困難。老師可以分享他們的苦痛和深層的渴望。一位老師或一位年紀較大的學生可以承擔協調者的角色，使得對話和分享成爲可能。如此一來，我們就能把教室轉換爲僧團、社群及家園。

老師和學生可以編設一些輕鬆的環節，例如欣賞音樂、一起走路呼吸或一起飲食。這樣我們就能成爲一家人。我們有能力組織活動，使得教室成爲家園，這樣才有可能溝通、相互理解並釋放痛苦。這有助於教學，教育可以變得歡喜。哪怕作爲老師的我們沒賺很多錢，我們依然可以在傳遞智慧和愛的工作中得到很多歡喜。

需要做些什麼才可以使教室成爲讓老師和學生快樂的地方？這是一個禪公案，禪修的主題——如何幫助孩子們想到學校和教室的時候會覺得快樂？如何讓老師想到他們班級的時候會覺得精神抖擻？老師可以使用自己的才能和想像，加上他們學生的才能和想像，讓教室成爲一個大家在一起的美妙地方。這是有可能的。

愛的支持小組

如果教室裡有痛苦，老師可以幫助孩子成立愛的支持小組，幫助理解和轉化痛苦。學生和老師可以選擇兩位、三位、四位或五位孩子來組成小組。成立愛的支持小組的目的是在班級裡練習平和，爲班級裡所有同學和老師帶來喜悅。當第一組的孩子們有一些傾聽的經驗之後，其他的孩子可以輪流參加愛的支持小組，學習細心聆聽的練習。其實，學生經歷的痛苦多數來自誤解。太多時候，孩子感受不到別人傾聽和理解他們。透過細心聆聽和深刻觀察的練習，離苦之道會自然顯現。細心聆聽和觀察我們的痛苦爲班級帶來歡喜與和諧。

爲了在班級裡轉化痛苦，你可以在愛的支持小組裡特意編設深度、慈悲的聆聽環節。「親愛的老師，我們需要一個環節告訴你我們所有的困難和苦惱。我們中很多人在家庭、班級感到苦惱，我們希望你能瞭解我們的痛苦。」這是合情合理的要求，而且透過對學生的聆聽，你已經在練習佛陀的教導——深入觀察你痛苦的本質。學校的管理者應該允許我們去編設這樣的環節，那是老師坐在那裡細心聆聽他們學生的困難和苦惱。

有一個夏天在梅村，一位七、八歲的小女孩哭了又哭，她很痛苦。她說她不知道爲什麼每天老師都讓她如此痛苦，爲什麼老師對她特別挑剔；她不知道如何才能停止這一切。儘管去學校很難，但她也必須每天去。整個僧團聆聽她時，我們之中很多人，包括大人都哭了。很多人經歷了同樣的痛苦。

如果你的班級裡有愛的支持小組，這樣的孩子可以來小組裡分享她的痛苦。「我受苦；請幫助我。」那麼小組成員會坐下來，說，「我們準備好傾聽你。告訴我們你的苦惱吧。」每個人傾聽她的故事。愛的支持小組可以想辦法幫她少受苦。他們可以選擇一兩個孩子去告訴老師她的苦惱。「親愛的老師，我不知道爲什麼那個孩子每天哭，但是她說她因爲你而有很多煩惱。她確實苦惱，她並不想責備你；她只想知道如何停止痛苦。請告訴我們，我們可以做點什麼幫助她不再受苦。」小組這樣去和老師講，尋求幫助，我想，老師會嘗試做點什麼以改變局面。

當然，如果這個孩子足夠堅強，他可以直接跟老師說。「老師，我不知道爲什麼你每天都挑剔我，你讓我很難過。我不知道我做了什麼。請你告訴我，我有什麼不好的地方，我會盡力改正。」她可以使用類似如此愛的語言。但是如果孩子不夠自信，那麼孩子可以請求愛的支持小組來處理問題。這種處理方式非常和平。

老師也應該告訴孩子們他們在家裡也有苦惱，如果再在班級裡受苦他們會受不了。如果班級裡有愛的支持小組，孩子們可以鼓勵他們的老師說出來，告訴大家她的苦惱。孩子們理解老師的苦惱之後，他們會更加溫和，他們將懂得如何支持和配合老師。師生間缺乏良好的溝通，是不可能幸福的。老師會無心教學，學生也會無心學習。

衝突角色扮演

讓孩子講一個她遇到的衝突故事。如果可以，請她扮演意外發生的實際情況。然後，一起討論想辦法找出更加正念、更加平和的處理方式。

提醒孩子們回到呼吸，覺察自己的情緒。鼓勵他們在自己爆炸或感覺危險的時候，離開衝突局面。如果可以，立刻離開。當他們足夠平和到可以說出自己與他人的麻煩時，指導他們使用清晰的「我」來陳述，並且對自己的感受負責。避免使用批評或評價他人的語言，鼓勵他們具體描述讓他們覺得生氣的行爲或語言。②比如，當你說會和我分享玩具、圖書和零食卻沒這麼做的時候，我覺得受傷生氣（而不是：你是個騙子，從不兑現你的承諾！）。

然後讓孩子們使用你們一起想出的辦法，第二次扮演這個衝突。如果你可以串接上一些好的小插圖，你可以把它們和表演連接起來。

②更多請見馬歇爾．羅森貝格（Marshall Rosenberg）《兒童的非暴力溝通》（*Nonviolent Communication with children*）。

一起做角色扮演對於父母和子女或者老師和學生也有幫助。表演出困難的局面（比如早上叫孩子起床上學，或者提醒一直講話的學生注意聽課），接著以同時符合父母和孩子或者老師和學生雙方需要的不同方式重新表演。有時候，請其他人表演出你的困難，會有幫助。

兩人一組練習細心聆聽③

懂得傾聽對於我們和他人都十分重要。只有我們能夠確實聆聽自己的時候，我們才可以聆聽他人。聆聽自己是什麼意思呢？

（聆聽我們的身體，累的時候休息，不要太勉強自己，尊重我們的極限等等。）

細心聆聽他人是可以帶來深度療癒的真實禮物。你還記得有人真正傾聽你嗎？別人如此聆聽你，你有怎樣的感受？你如何得知他人是真正聆聽呢？對方如何展示他的開放和接受？

你可以在黑板上寫下孩子們提到的關於細心聆聽的特質。如果他們想不起來，提及一些重點：不打斷他人、用心聆聽、不批評或比較、停止內心對話、停止在內心關於他人言語的評論，這樣我們會成爲他們一面清晰的鏡子，反映我們聽到的內容。記得提醒孩子們，在細心聆聽裡，我們聆聽的唯一目的是幫助他人感受到被傾聽和被接受。

爲了幫助孩子練習細心聆聽，可以將他們兩兩分組。讓其中一位先發言。你可以在黑板上寫下三個話題，請他們挑一個來講。比如可以講一講他們最近的困難，他們希望發生的事情或者他們現在感覺如何。提醒他們：現在我們說出心裡話，盡可能地不對自己吹毛求疵。僅僅分享任何想到的與話題有關的內容。每個人可以分享兩、三分鐘。第一個孩子分享的時候，其他人僅僅用心聆聽，無需任何想法和評判，完全為了對方而存在。開始和結束的時候邀請鐘聲。現在交換。

當雙方都分享之後，邀請孩子回到小組討論他們聆聽和分享的體驗。這樣的練習困難還是容易？你是否覺得對方真的傾聽？如果是，你的身心感覺如何？

治療教室的環境

我們可以更大規模，而非僅在班級同學中練習聆聽環節。老師應該聆聽學生。如果一個單元不夠，我們再組織第二或第三個單元，來聆聽一切孩子們願意告訴我們的事情。老師可以邀請其他老師來參與，並練習細心聆聽學生的藝術。我們也可以邀請學校校長和我們一起聆聽孩子們。

孩子需要認真準備，以便清晰表達。他們應該要覺得安全到足以講出自己的苦惱——他們在自己家庭和學校所經受的苦惱。如果孩子們覺得自己有太多家庭作業，他們應該告訴老師和

③這是對青少年很好的練習：你可以作修改以適合十二歲以下兒童。

其他在傾聽的人們。教育的重點不應該在於犧牲現在去獲得未來的東西，而應該在於幸福的生活就在當下此刻。如果此刻受苦，那麼將來也不可能幸福。老師的職責是理解孩子的困難、苦惱和渴望。老師可能需要經過很多單元才能理解他們的學生，學校的管理者應該給老師這樣的時間。這才是眞正的教育倫理。

孩子們也應該表達他們願意和渴望聆聽老師，因爲老師在自己的家庭和班級中也會遭受苦惱。有些老師會因爲學生的冷漠而哭泣。不少孩子十分暴力，他們欺負其他孩子取樂。有時候他們對老師做同樣的事情。他們看到老師的弱點，然後欺負老師爲樂。所以，應該編設很多細心聆聽的單元來聆聽老師和學生的痛苦。

分享

在教室建立安全和歸屬感

——邦尼・斯帕林（Bonnie Sparling）和尤裡・維特塞爾（Uri Wurtzel），於美國Paideia學校

在我們七年級和八年級的班級中，我們每天花四個小時和同一班三十名學生在一起。我們的引導宗旨是所有課程都應該由學生們開始話題，然後圍繞話題和題目展開，使他們得到更深

入的啓發。不論什麼課程，文學、社會、倫理或者寫作——我們都希望與他們有關。學生們發現由他們引導討論，彼此提出重要的和個人的問題，這樣做很有意義。他們公開討論聲望的問題，特別是觀察哪些人有一種讓人害怕的權力，討論他們應如何以合乎道德的方式承擔責任。

家庭、社交和身份認同是青少年關注的核心，所以學生們會以這些話題作為課程中心。經過數年，他們發展了寫作項目和法庭系統，幫助他們釐清生活中很多方面，並取得了一種衝突解決方案，使得他們生活更加幸福。

這寫作項目的焦點，是每個學生自己重要的故事，學生需要忠實於自己的情緒且願意從中成長。他們會寫出關於自己生活的故事來表達自己。困難和衝突往往是成長的種子，可以帶來覺醒，所以他們會安排時間和老師或信任的同伴會談，坦誠地面對自己的情緒。他們開始放下防衛的面具，憤怒呈現了傷痛，傷害轉化為愛。這樣的會談幫助學生獲得見解、洞察出之前可能被情緒洪流所覆蓋的想法。

完成寫作後，學生們會在班級中念出來，互相表揚。接著，學生們討論這些故事，如何與自己的生活產生共鳴。這個過程有助於建立社群、信任和人生旅程的覺醒。

為了讓學生和同學分享這些感受時覺得安全，完全敞開心扉，他們須要建立對彼此的信任。為此，他們制定了憲法和法庭系統。如果有人違反誠信時，他們需要向彼此負責。他們支持同學們去理解那些行為背後的動機，然後一起找到解決方案。法庭系統是可以帶來安全和公正的有力工具，也是地位和聲望的重要標尺。聲望可是中學生社交力的通行證，也是巨大的焦慮來源。

不在班級裡表現自己，不說讓其他人受傷的話，不打破保密條例，僅僅是學生制定的二十條法規的其中三條。他們嚴格執行這些法規，努力支持這個系統，保護彼此避免因為某些行為，令同學們感到不安全、引發班級中的危險事故、使同學們不願意分享他們的困難。一旦有人被控違規，他們可以認罪或不認罪。原告和被告雙方在學生組成的法院中發言，班級裡所有同學出席聆聽，並提出問題來幫助釐清衝突的動機以及深層的原因。通常衝突的真正起因和一開始看起來的有所差異且更加複雜。也許一個女孩在代數課上尖刻的評語，是源於她自我意識中覺得自己數學不好；一個男孩呵斥有書卷氣的同學，是源於他自己小學時不被班級接納的經歷。

只要班級成員體驗到這個系統所帶來的安全、信任和機會，他們就不會把這個系統看做是外來強加於他們身上的懲罰，反而能將之視為幫助彼此保持開放、安全和接近的工具。慢慢地，我們看到學生建立了歸屬感、能夠自在地做真正的自己、享受彼此的存在，並擁有同理心。這真是太好了。

青春期對多數學生來說意味著動盪不穩，但是因為我們的學生自己創造課程，很多與這個年紀有關的問題得以解決。這證明了他們真正需要的，是培養誠實、可靠、解決衝突、分享和歸屬，還有敏銳而好奇的頭腦，以及有力又自然發揮作用的倫理。

當我們的學生進入更高的年級，我們為他們驕傲和高興。他們對於自我更加明確，更有能力去愛，更有力量，雖有脆弱之處但依然安穩，與同學也有更多正念的聯繫。

分享

教室裡的慈心禪

——蘇珊娜・巴拉卡提（Susanna Barkataki），於美國 Sequoyah 學校

每天我以這樣的方式開始五年級和六年級的教學：回歸自己的呼吸，然後想像自己深而穩固的植根大地，抬頭望向無限的天空，接觸宇宙中愛的能量。我感覺平和、自在、感恩、歡喜；然後我把這種能量傳送給我的學生。我看著一個個孩子，心中默念他們的名字，然後向他們傳遞慈悲的話語。我使用學過的傳統慈心禪祝願文，有時候會按情況修改。「願馬力歐快樂。願他健康。願他自信。願他下午籃球比賽歡喜。」我會一個接著一個關注每一個孩子。「願拉提卡快樂。願她免受痛苦。願她找到平和。」

在班級裡，我對面前的學生做這樣的練習，我輪流對他們每一位微笑。常常看上去他們會感覺到這種能量，也對我微笑，儘管我只是在心中默念這些祝願文。在家中，當我想起每個孩子的臉，都忍不住嘴角微微一笑。我期待與他們一起開始一天的工作。有時候，我覺得有壓力或悲傷，難以去做這樣的練習。那麼，我會將愛的能量先傳遞給自己。如果我不能集中思想，一、兩天都不開心的話，我知道休息一下照顧自己，也沒問題。

將愛的能量傳遞給學生，這種練習讓我牢記老師的角色核心，同時也將更多的慈悲和關愛帶進自己的生活。學生也傳遞這種慈心。當他們分享這種慈愛，我觀察到他們更加聰明、有力。我們都把這種愛和歡喜帶進我們的心裡，與他人分享，也敞開心扉接受愛。

包容難以處理的學生

——安吉拉・伯格曼（Angela Bergmann），於德國

每個班級裡都有難於處理的學生，你得自己找到和他們相處的方法。有兩個方法對我有用：

第一，我嘗試去找出這位學生身上我喜歡的地方：他做得好的或者我們的共通點，任何可以和這個學生聯繫的地方。我發現，如果我可以這樣做，就可以建立一種關係。我會試著在教學中結合這樣的關係。比如，我發現一名學生與我有類似的音樂愛好，我就鼓勵他將音樂帶到課堂來（學校允許我在課堂播放的音樂），讓我們更享受體育課。

第二，我嘗試去找真正喜歡這名學生的教職員工，我會和他討論，以發現這學生更多的優點。如果這人願意，我會請他來班級，和這位學生在一起。這可能會改變這學生在課堂中的感受。我覺得學生們難以處理的時候，他們也能感覺得到，這對我們雙方都會產生壓力和緊張。如果有喜歡這位學生的人在教室裡，和我們一起，這會帶給我們一種新的教學方式。

分享

當情況變難

——蒂內克・施普騰博格（Tineke Spruytenburg），於荷蘭

任何在工作中要和孩子一起的人，都會記得那些不容易相處的孩子。這裡有些對你有幫助的構想：

保持慈悲：難以相處的孩子並不存在，只有處於困境的孩子。他們的個人經歷或現狀，讓他們有壓力、焦慮，因而他們難以聆聽和參與。

創造包容：邀請孩子坐在你身邊，把手放在他的肩膀，這會帶來安全感；你充滿正念的呼吸和言語會支持這個孩子。有苦惱的孩子往往需要被接納。交給這樣的孩子特別的任務——例如邀請鐘聲——這會讓他覺得受到欣賞，覺得自己有用，覺得自己被接納。

使用肯定句：一般我們總是要求孩子不做什麼，很多時候他們不會理我們。這是因為他們不知道你要他們做什麼。所以，不必說「不要爬牆」，而是說「站在地上」。使用肯定句需要一些練習，但結果很好，很值得。

私下糾正，公開表揚：當你糾正學生的時候，請保持中立，並給孩子空間來解釋發生了什麼。孩子們常常可以自己改正行為。表揚孩子為自己的行為負責，如果需要，也可以幫助孩子們找方法與他們傷害過的人和好。這些都可以澆灌孩子心中善的種子。

對於一些行為不當的孩子，接受他們的不安，邀請他們改善情況：你可以請他們想一些他們喜歡的活動。

我記得，幾年前在梅村的兒童活動中有一些女孩。從第一天開始，她們就坐在兒童室的一角，一起聊天、未經准許擅動教學材料、玩弄彼此的頭髮等等。她們不回答問題，不參與唱歌或分享，看上去對兒童活動完全沒興趣。工作人員不知道如何才能激勵這些女孩，而女孩可能也感覺到了我們的不舒服。過了兩天，有位協助活動的比丘尼知道女孩們會在兒童室畫畫和聊天，她便在下午午休時來到。比丘尼和她們一起坐在坐墊上玩串珠做首飾，分享她的感受，並邀請她們也分享自己對於項目的感受。這個即興的小組活動不但使得女孩們融入了其他活動，並且最終成為中秋節時所有孩子（包括女孩們）一起獻上美麗的表演的開始。

11 萬物相連，萬物相續

看著眼前你在讀的這張紙，你可能會覺得由造紙廠生產之前它並不存在。但很久以來，紙以各種形式存在。紙裡漂浮著一朵雲。沒有雲，就沒有雨，也就沒有用來造紙的樹。如果你把雲從紙中除去，那麼紙也不存在了。深入觀察紙張，深入接觸紙張，你也可以觸及雲朵。

出生之前這張紙在哪呢？它會從無而生嗎？不，沒有什麼會從無而生。這張紙與太陽、雨水、大地、造紙廠、廠裡的工人、工人每天吃的食物「共生」。這張紙的本質是相即。你接觸這張紙，也就接觸到宇宙萬物。造紙廠生產紙之前，這張紙是陽光，是樹木。所謂這張紙的生日其實只是它的「延續日」。我們不該被外表欺騙。我們知道這張紙並沒有眞正的出生。在此以前它已經存在，因爲它不可能從無而生。你怎麼可能突然從某些東西變成什麼也沒有呢？你怎麼可能突然從某個人變成沒有人呢？這是不可能的。

也許你認爲出生時自己突然成爲什麼，在出生前你什麼也不是；就是從什麼也不是，變成某個人。可事實上，你已在母親肚子裡九個月。這意味著身份證上的日子並不正確；你必須提前九個月。

也許你相信自受孕開始，自己已存在。但是如果我們進一步深入觀察，會明白自己有一部分在父親中，另一部分在母親中。因此即便受孕的時刻也是延續的時刻。禪修是深入觀察我們的本性，不生不滅的本性。

試想大海中一個浪花接著一個浪花。波浪各不相同；有的大，有的小，有的比其他美麗。雖然你可以用多種方式描述波浪，但是當你接觸波浪，你也同時接觸其他：水。

試想自己是大海表面的波浪。從一開始觀察自己：你升到海面，你停留一會，然後你回到大海。你知道，某種意義上來說你會結束。但是如果你懂得接觸生命的基礎（水），你所有的恐懼都將消失。你會看到你是一個波浪，和其他每一個波浪一起分享水的生命。這是我們相即的本質。如果我們只能體會波浪的生命，而不能體驗水的生命，我們會受很多苦。事實上，每一刻都是延續的一刻。你會以其他的新形式活下去，就是這樣。

雲變成雨的時候，它並不害怕，因爲它知道雖然漂浮於天空很美好，變成雨落到大地和大海也很美好。這就是爲什麼雲變成雨並不是死亡的時刻，而是延續的時刻。

有些人認爲他們可以使某些東西消滅，直至再沒有這種東西。他們認爲自己可以消滅如約翰·甘迺迪（John F. Kennedy）、馬丁路德·金恩（Martin Luther King, Jr.）或聖雄甘地（Mahatma Gandhi）這樣的人，希望他們永遠消失。

然而事實是，一旦你殺了某人，這人會比之前更強大。

哪怕一張紙也不可能減少到什麼都沒有。你看見過將火柴放到紙邊會發生什麼事？它不會變成什麼都沒有：它變成光，變成灰，變成煙。紙的一部分變成煙，成爲雲的一部分。我們可能會在明天的雨滴中見到它。這是紙的眞實本性。對我們來說，很難捕捉紙的來與去。我們認出紙的一部分仍在那裡、在天空某處，以一小朵雲的形式存在。所以我們可以說，「再見，明天見。」

Q&A

年齡和死亡

❖ **孩子提問**：你多大了？

❖ **一行禪師**：啊，先說你多大了？

❖ **孩子**：我六歲，快七歲了。

❖ **一行禪師**：聽著，我會給你一個很好的回答。我是佛陀的延續，所以我二千六百歲了。

❖ **孩子**：哇！

❖ **一行禪師**：我也是我父親的延續，所以我才一百一十歲。我知道你也是我的延續，我感覺我在你之內，所以同時，我也是六歲。這是眞的，因爲我在那孩子中重生。他將帶我到未來。所以我還很年輕。我剛六歲。你四處看看，會在各處發現一點我。我有不同年紀，好嗎？

Q&A

超越死亡

❖ **孩子提問：**爲什麼有一天我們會死？

❖ **一行禪師：**想像一下，如果只有生，沒有死，那麼總有一天，地球上人多得難以站立。死亡意味著給孩子們騰出地方。誰是我們的孩子呢？我們的孩子是我們自己。我們的孩子是我們新的呈現。兒子是父親的延續。父親看著兒子，會覺得自己不會死，因爲他的兒子在那裡延續他。如此你看到自己並不是在走向死亡，你在兒子中得到延續。你的兒子也不會死，因爲他將在孫子那裡延續。佛教禪修幫助我們深入觀察並沒有眞正的死亡，只是以不同形式延續。

看看天上的雲。雖然雲可能會害怕死亡，但總有一刻雲必須轉變成雨。可是這並非眞正的死亡。只是改變形式。雲轉變成雨，雲在雨中繼續。如果你深入觀察雨，你會看到雲。這不是眞正的死亡。你會以其他形式存在。雲會變成雪的形式、雨的形式、河的形式或冰的形式。有一天雲會變成冰淇淋。如果雲不轉變，我們怎麼能有冰淇淋吃呢？

我不怕死亡，因爲我看到自己在弟子、在你之中。你來和我學習，在你之中有很多我。我把自己給你。如果你從我這裡收穫了一些理解、一些慈悲和一些覺醒的話，那麼我會在你之中得以延續。以後，如果有人想看我，他們只需要去找你，就會看到我。我不止在這（指著自己），我也在這（指著孩子）。關於佛教禪修，我最喜歡的正是這個。佛教禪修幫助我們超越生死。

你知道，死亡對於生、對於我們的延續來說很重要。在我們身體裡，每分鐘都有很多細胞死去，這爲新細胞的誕生留出空間。生與死每分鐘都在我們身體裡發生。如果沒有死亡，那麼我們也不可能在自己的身體裡得到延續。這就是爲什麼生死相依。有生才有死，有死才有生。如果我們一直爲死去的細胞哭泣，我們就沒有足夠的眼淚了。如果每天我們爲死去的細胞辦一場葬禮，那麼我們得把一天所有的時間花在準備葬禮上。這就是爲什麼我們必須明白，在我們之內每一刻生死都在發生。這就是爲什麼死亡的角色如此重要。這是第一個答案。但是第二個答案較好。深入觀察，你不會看到生死，你會看到只有延續。如果你深入學習，你會看得更加深入。

Q&A

無後，無前

孩子提問：先有雞還是先有蛋呢？

一行禪師：先有雞還是先有蛋，這是個有趣的問題。但是如果你是禪修的學生，你必須小心不要太快回答。你知道必須深入觀察才能回答這個問題。一年中有的時候你看著檸檬樹，只能看到樹枝或葉子；完全看不見任何花朵或其他檸檬。但這是你沒有練習禪修的時候。如果你深入觀察，如果你是一個好的禪修者，你看著檸檬樹（哪怕檸檬花、檸檬都沒有）你也可以看到檸檬花和檸檬。它們還沒顯現，因為缺少一些條件，比如時間，比如雨水，比如溫度。所以你不能說檸檬不在那裡。檸檬在那裡，只是躲起來了。檸檬樹和檸檬樹枝、葉子、花還有檸檬——它們都一直在一起。你不能說先有誰。顯現的時間不同，但是它們一直都在那裡，你明白嗎？

你觀察這朵花，你只看到花。但其實垃圾也在那。花和垃圾同在。如果你不給花澆水，幾天之內，花就會變成垃圾。如果你是好的禪修者，你可以在花朵裡立刻看到垃圾。說垃圾不在那裡是不對的。垃圾在裡面。只需要一兩個條件就會顯現。如果你深入觀察垃圾，你會發現花朵也在那裡等待顯現。

所以佛弟子對這個問題的回答是雞中有蛋，蛋中有雞。無後，無前。

相即

準備：帶孩子們參觀動物救助屋，如果可以的話，去那些允許參觀者撫摸小狗小貓的地方。或者安排一隻小狗來你的教室（一隻獲救的混血品種比較理想）。也可以幫助每個孩子沉思她嬰孩時的圖片。或者你可以使用種子，適當地修改相即的討論。

我們會撫摸小狗或小貓，但是在我們這麼做之前，你是否願意對它鞠躬？

（願意）

為什麼？

（表達我們看到牠的佛性；表達我們對牠的愛和尊敬）

問孩子們是否注意到小狗或小貓發出的聲音。我們的孩子決定把貓狗的喵和汪當做正念的鐘聲。展示最好的撫摸動物方式：對它鞠躬，然後溫柔地用一隻手抱著它。邀請孩子鞠躬，然後輕輕的撫摸小狗或小貓。允許孩子花時間享受抱著、撫摸和動物說話。把動物放回他們的籃子或休息處。

小狗從哪裡來？

（牠的媽媽）

小狗出生了嗎？

（是的）

牠是從牠媽媽肚子裡出來那一刻出生的嗎？

（是的）

我不這麼認為！出生意味著我們從無到有。小狗從媽媽肚子裡出來之前不存在嗎？

（不……牠在媽媽肚子裡已經活著了。）

我們發現了，說「小狗從媽媽肚子裡出來之後就出生了」並不準確，因為我們知道牠在媽媽肚子裡的時候已經活著了。我們可以說小狗在媽媽肚子裡之前已經存在了嗎？

（是的）

我們可以說牠一部分活在媽媽裡，一部分活在爸爸裡？

（是的！）

你覺得人是不是也這樣？看看我們自己。請每個孩子看著自己幼兒時的照片。你的生日是什麼時候？給孩子們時間說出他們各自的生日。

為什麼你覺得那天是自己的生日？

（因爲那天我從媽媽肚子裡出來）

如果我們說從媽媽肚子裡出來的那天是我們的出生日，那和說小狗從媽媽肚子裡出來的那天是牠的出生日一樣。我們知道這不是真的。

你從媽媽肚子裡出來之前什麼都不是嗎？

（不，我在媽媽肚子裡的時候已經活著了。我媽媽說她可以聽到我，並感覺到我在她肚子裡動。）

你活在媽媽肚子裡之前是什麼？你什麼都不是嗎？

（「不！我是一個等待發生的概念！」「我是一顆小蛋。」「我不會什麼都不是！」）

所以你在媽媽肚子裡之前在哪裡呢？

（「我一部分在媽媽裡，另一部分在爸爸裡。」「我在我的祖父裡。」「啊！可以追溯到無止境呢！」）

我們可以看到你從來不會什麼都不是！因為「出生」意味著我們從無到有……。深入觀察，我們可以說，就像小狗一樣，我們從未出生！或者也許我們可以說自己一直出生著。我們一直存在；我們從未什麼都沒有。

有的時候，我們是一個概念；有的時候，我們是他人的一部分；有的時候，我們是現在的我們。也許我們也曾是雲或花或河流。我們的老師一行禪師說，說生日不如說是延續日。你覺得他為什麼這樣教導我們？

（「提醒我們並無出生。」「我們一直存在。」「我們繼承著祖先的傳承。」）

下次你舉辦生日會，可以邀請朋友給你唱〈延續日快樂〉！孩子們也許想給彼此唱這新版本的生日歌。如果你從未生，那麼你會死嗎？

（不！）

你怎樣才可以一直活著呢？你怎樣才可以永遠不死呢？

（「因爲你知道我，我是在你之中的一個概念。只要你活著，那麼我也活著，所以我可以活在每個你認識的人之中！」「當我有孩子，我會成爲他們的一部分。」「我是否活在一切之中？我想我是！」「嘿！這樣的話，我會一直活著！」）

為什麼知道「我們從未生、也不會死」如此重要？

（「因爲如果你生病住院，他們告訴你你快死了，你可以說『我不會死』；家裡人來看你，他們很悲傷，你可以說『不要悲傷，我不會死。』」「因爲如果有人告訴你你快死了，你不會悲傷，你知道這不是眞的。」「因爲當我們知道，我們活在別人之中，我們會更好地照顧他們。」「我們也需要照顧自己，因爲如果我的朋友活在我之中，那麼當我照顧好自己，也就是照顧好她！」）

所以知道我們不曾出生也不會死，有助於我們遠離悲傷，遠離害怕，讓我們有辦法安慰朋友和家人，提醒我們照顧他人，因為我們在他們之中，也提醒我們照顧好自己，因為他人也在我們之中。知道我們不曾出生也不會死，幫助我們喜樂，也幫助他人喜樂。讓我們一起來唱〈無來無去〉（No Coming, No Going）這首歌。

♪ 第二十九首　無來無去

參考資源

你可以剪下或影印以下頁面中
鵝卵石禪的指導語。

使用禪修卡

- 找一個寧靜的地方
- 以舒服的姿勢坐下
- 坐著時背部挺直，肩膀放鬆
- 注意你的吸氣、呼氣
- 選其中一張卡
- 慢慢讀出，讓形象滲入腦海裡
- 閉上眼睛
- 每次吸氣、呼氣，心中默念關鍵字
- 享受你的感覺，微笑
- 每張卡練習十次呼吸

吸氣，我看自己是一朵花，人類的花朵。

呼氣，我美麗，
就是如此美麗，
我感到非常清新。

吸氣：花朵　　呼氣：清新

吸氣，我看自己是山。
呼氣，我感覺安穩，沒有任何東西能推倒我
或使我分心。

吸氣：山　　呼氣：安穩

吸氣，我看自己是靜水，
平靜清澈的湖。

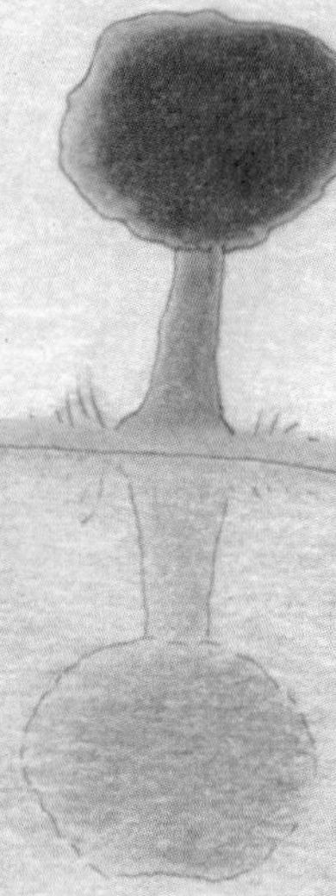

呼氣，我如實反映我內在
和周圍的事物。

吸氣：靜水　　呼氣：反映

吸氣，我看自己是藍天，
在我內在和周圍有廣闊的空間。

呼氣，我覺得非常平安自在。

吸氣：空間　　呼氣：自在

正念資源示例

找到有意義的方式開始並結束每個單元，對於孩子記住和享受禪修很有幫助。聽見鐘聲，覺知到自己的呼吸，是很好的練習方式。提醒他們，任何需要集中思想的時候都可以回到自己的呼吸。一旦孩子們學會邀請鐘聲，允許他們以邀請鐘聲開始和結束以下每個單元。這裡是針對六歲到十二歲孩子，四十五分鐘到一小時的例子。（更多資料可以在 www.plantingseedsbook.org 找到）：

第一課：隨著鐘聲平靜心思

材料：鐘、玻璃花瓶、水和彩色沙子

1. 介紹鐘（第78頁）代表的意思和隨著鐘聲數息（第81頁）**十分鐘**
2. 學習邀請鐘聲（第84頁）**十分鐘**
3. 瓶子裡的頭腦（第24頁）**二十分鐘**

家庭作業：選擇一種聲音或一個東西，作為學生們的正念鐘聲，直到下節課。當孩子們聽到這聲音或接觸到這東西時，他會停下來，並回到自己的呼吸。他們也可以用一個動作，比如背起雙肩包、打開課本、喝水或上廁所，一天裡不同時間做這個動作時保持覺知。下節課，孩子們可以彼此分享正念做這個動作的感受。

第二課：清新、安穩、平靜、自在

材料：每個孩子一張鵝卵石禪練習紙（或給每個孩子一張白紙，讓他們自己製作）

1. 教導歌曲〈吸進來，呼出去〉（第98頁）**五分鐘**
2. 鵝卵石禪（第93頁）包括禪修後的分享和反思時間　**十五分鐘**
3. 鵝卵石禪練習紙（第103頁）**十五分鐘**

家庭作業：在家中找一個讓你可以平靜下來地方。把你的鵝卵石放在那裡。在這個特別的呼吸空間放置一些其他的東西，讓它變得美麗、舒適。下次我們聚在一起的時候，告訴我們你的呼吸間是怎樣的。

第三課：相即

材料：每個孩子一粒葡萄乾、紙、畫畫材料

1. 葡萄乾禪（第182頁）**十分鐘**或「滿足」練習（第215頁）**十分鐘**
2. 畫出相即（第188頁）**二十分鐘**
3. 玻璃彈珠捲（第192頁）、跪坐或人結遊戲（最後兩個遊戲參看www.plantingseedsbook.org）**十分鐘**

家庭作業：在家裡爲家人準備並奉上點心。一起分享點心如何與萬物相聯。

第四課：理解和慈悲

材料：每個孩子一份兩願的練習紙

1. 〈兩願〉歌曲（第167頁）**五分鐘**
2. 分享兩願（第166頁）**二十分鐘**

3. 兩願練習紙（第172～173頁）**十分鐘**

4. 鞠躬（第141頁）**五分鐘**

家庭作業：學習歌曲〈兩願〉。爲你自己或小組創造舞蹈動作。我們再次聚會的時候，教我們舞蹈。或對某人、某物練習理解和慈悲，下次共聚的時候與我們分享。

第五課：接觸大地

1. 說佛和魔的故事（第153頁）**十分鐘**

2. 練習接觸大地（第147頁）**十分鐘**

3. 我是由什麼構成的？（第158頁）**三十分鐘**

家庭作業：在大自然中花點時間（公園、花園、樹邊或和植物一起。）觀想我們和大自然這方面的聯繫。練習請求大自然的同意（第201頁）。

與青少年一起的早晨時間表範例

在德國瓦爾德布爾（Waldbrol, Germany），僧侶接受邀請帶領正念早晨活動。這是活動時間表：

1. 覺知呼吸（覺知入息和出息的長度，第81頁）**五分鐘**
2. 介紹，分享我們對於早晨活動的目標　**二十分鐘**
3. 教導正念的好處，以及如何應用在日常生活中　**二十分鐘**
4. 正念動作　**十分鐘**①
5. 深度放鬆（第108頁）**三十分鐘**（開始時，可以簡短分享我們緊張時可以怎樣做。）
6. 茶和橘子禪（如葡萄乾禪）（第178頁、第182頁）**三十分鐘**
7. 休息　**二十分鐘**
8. 教導愛語和聆聽　**十分鐘**
9. 兩人一組練習細心聆聽（第244頁）**三十分鐘**
10. 結束：分享對當天的意見，學生們喜歡什麼、不喜歡什麼，他們學到了什麼　**三十分鐘**

家庭正念日時程規劃

你可以規劃一整天的家庭正念日，並邀請其他父母和孩子一起參加。以下的時間安排，在過往非常成功：

---

① 觀看 http://vimeo.com/4853147 十個正念動作視頻示範，或 interbeing.org.uk/manual 帶有配圖的文字描述

- **早上九點三十分** 報到，並介紹一天的活動。
- **早上十點** 佛法探險！大人和孩子們分成每組五到十人的五個小組。每組去不同的地方練習鵝卵石禪（第93頁），集體創作或製作自然曼陀羅（第207頁），玩集體遊戲（在第八章挑一個你喜歡的），製作和品嘗點心（第178頁），或參與家庭生活有關的角色扮演（第243頁）。每三十分鐘換一組，這樣每組都可以參與所有五個遊戲。預先安排好活動的工作人員留在各自的地方，指導每個新的小組做相同的活動。（請自由修改活動數目和內容，以適合你的小組。）
- **下午十二點半** 午餐
- **下午兩點** 由孩子引導的年輕人的深度放鬆（第108頁），接下來是年輕人的接觸大地（第147頁）（這也可以由孩子讀出。）
- **下午三點** 父母和孩子們練習重新開始（第63頁）（孩子不需要製作卡片。他們可以簡單分享對父母的感激。父母從大自然裡找東西送給他們的孩子。）
- **下午四點** 珍重再見！

致謝

我們謝謝特裡・科爾特斯—韋嘉（Terry Cortes–Vega）和蘇珊・哈德勒（Susan Hadler）慷慨地付出大量的時間和精力校對了此書的多個版本。特裡在Skype上和編輯展開了許多動腦時間，他是一位非常有創意，好像有支持力的安穩的木板。我們也非常感恩特裡將很多她自己的練習和活動貢獻給本書。

我們也想謝謝梅娜・斯裡尼瓦桑（Meena Srinivasan），謝謝她對於本書第一章研究頗有貢獻。我們也非常感謝梅・付（May Fu）、提尼克・斯普騰波哥（Tineke Spruytenburg）、梅娜・斯裡尼瓦桑、蘇珊娜・巴爾卡塔基（Susanna Barkataki）、凱茜・巴爾卡塔基（Cathy Barkataki）、安妮・馬洪（Annie Mahon）、凱蒂・闊勒曼（Kathi Kollerman）、安尼塔・王（Anita Wong）、英格麗德・德普納（Ingrid Depner）、桑德拉・休伯（Sandra Huber）和安吉拉・貝格曼（Angela Bergmann）校對本書全部或部分章節。我們也感謝很多僧團的朋友們記錄了本書的談話。

我們非常感恩眞誓言（Sr. True Vow）比丘尼專門創作了此書錄音並爲CD曲目錄音。

我們也深深感謝在兒童正念教育中爲此書分享眾多經驗和智慧的人們。

1 我跟隨自己的呼吸　2:57
（I Follow My Breath）

Jerusha（Harriet Korim Arnoldi）
出自其2011 CD〈The Stars Are Out All Day〉

2 傾聽鐘聲的偈子　0:25
（Gatha for Listening to the Bell）

傳統的偈子

3 心中的島嶼　0:50
（The Island Within）

作詞／一行禪師
作曲／ Joseph Emet

4 聽吧，聽吧　4:46
（Listen, Listen）

作詞／一行禪師
作曲／ David & Tamara Hauze
出自其2011 CD〈I Have Arrived〉

5 鵝卵石禪　7:36
（Pebble Meditation）

珠嚴法師誦讀

6 吸進來，呼出去　1:43
（Breathing In, Breathing Out）

作詞／一行禪師
作曲／ Betsy Rose

7 給年輕人的深度放鬆　16:36
（Deep Relaxation For Young People）

珠嚴法師誦讀

8 入、出、深、慢　0:37
（In, Out, Deep, Slow）

作詞／一行禪師
作曲／ Chan Hoa Lam

9 催眠曲　1:50
（Lullaby）

Sr. True Vow

10 和平自在　1:25
（Peacefully Free）

Sr. Morning Light

11 善良　1:44
（Kindness）

Jamie Rusek
出自其2007 CD〈Cultivate Joy〉

12 走入光明　1:08
（Walk in the Light）

傳統的偈子

13 深度放鬆結束　0:46
（End of Deep Relaxation）

14 行禪　1:25
（Walking Meditation）

Sr. Khe Nghiem

15 願日夜都好（趣味版）1:26
（May the Day Be Well／fun version）

Deborah Barbe

16 灌溉喜悅的種子　3:01
（Watering Seeds of Joy）

作詞／一行禪師
作曲／Sr. True Vow

17 年輕人的接觸大地　7:38
（Touching the Earth for Young People）

珠嚴法師誦讀

18 種樹的偈子　1:41
（Gatha for Planting a Tree）

作詞／一行禪師
作曲／Joseph Emet
來自高明寺（Gao Ming Temple）的吟唱

19 有一位佛陀　2:09
（There's Ol'Buddha）

Rev. Patricia Dai-En Bennage

20 兩願　1:39
（The Two Promises）

作詞／梅村
作曲／Betsy Rose

21 我愛大自然　3:30
（I Love Nature）

Joe Reilly
出自其2007 CD〈Children of the Earth〉

22 食前觀想　1:09
（Contemplations at Mealtime）

23 許多雙手　3:04
（Many Hands）

Rev. Jody Kessler
出自其2003 CD〈Bare Bones〉

24 小蕃茄　3:08
（Little Tomato）

Joe Reilly
出自其2009 CD〈Touch the Earth〉

25 站得像一棵樹　0:26
（Standing Like a Tree）

詞曲／Betsy Rose
改編／梅村

26 快樂是此時此地　0:58
（Happiness is Here and Now）

Eveline Beumkes

27 燦爛的笑　2:16
（Great Big Smile）

Gregg Hill & Jamie Rusek

28 感受頌　1:21
（Feelings Gatha）

傳統偈子

29 無來無去　1:00
（No Coming, No Going）

Sr. True Virtue

歌　詞

（如果未指定和弦，請遵循前面幾行的和弦模式）

（CD中的第5、7、13、17、22首為引導詞，列於歌詞之後）

1 我跟隨自己的呼吸

（I Follow My Breath）　2:57

Jerusha（Harriet Korim Arnoldi）

A7　G7　A7　G7　A7

When I'm feeling lost and lonely, and I

當我覺得迷失與孤單時，我

G7　A7　G7

don't know where to go,

不知道去哪裡，

I follow my breath, and my breathing

我跟隨自己的呼吸，我的呼吸

takes me home.

帶我回家。

Refrain: I follow my breath.

合唱：我跟隨自己的呼吸。

Some people call it spirit, some people

有的人叫它靈性，有的人

call it soul.

叫它靈魂。

I just know that there's a thing that

我只知道有件事

keeps me whole.

讓我完整。

Refrain：I follow my breath.

合唱：我跟隨自己的呼吸。

I put my hand right on my belly,

我把手放在肚子上，

feel my breath go up and down,

感受腹部的起伏，

pouring fresh air everywhere from

感覺清新的空氣，穿過全身

my toes up to my crown.（Refrain）

從頭到腳。（合唱）

Oxygen comes from the trees, from the

氧氣從樹上來，從

grasses and from the leaves,

綠草上來，從葉子上來，

from the ocean and the rain, blows
從海洋和雨水，吹拂

through us and back again.（Refrain）
我們，又再回來。（合唱）

Always changing, always moving, always
總在變化，總在移動，總在

blowing in and out,
吹進又出，

always coming, always going, that's what
總在來，總在去，這就是

breathing's all about.（Refrain）
關於呼吸的一切。（合唱）

You can try it when you're happy, then
開心的時候你可以試一試，然後

you try it when you're not.
不開心的時候你也可以試一試。

You don't have to go and find it. Breath is
你不用去別的地方尋找它，呼吸是

something we have got.（Refrain）
我們已經有的東西。（合唱）

If I forget about my breath, my thoughts
如果我忘記了呼吸，念頭

can take me far away
會把我帶走

from what's inside and all around me in
從裡到外，周圍一切

this moment, on this day.（Refrain）
此刻，今天。（合唱）

Breathing out and breathing in, and
呼氣，吸氣，

knowing what you're doing when
知道自己在做什麼，

isn't easy as it sounds, but it always calms
並不像聽起來那麼容易，但每次都讓我

me down.（Refrain）
平靜下來。（合唱）

So when I'm feeling hurt or angry, and I
所以，當我感到受傷或憤怒，我

don't know where to go,
不知道去哪裡，

I follow my breath, and my breathing
我跟隨自己的呼吸，我的呼吸

takes me home.（Refrain）
帶我回家。（合唱）

2 傾聽鐘聲的偈子（傳統的偈子）
（Gatha for Listening to the Bell）0:25

C G C
Listen, listen……this wonderful sound
聽吧，聽吧……這美妙的鐘聲

Dm C G7
is bringing me back to my true home.
它帶我回到真正的家。

C G C
Listen, listen……this wonderful sound
聽吧，聽吧，這美妙的鐘聲

Dm C F G C
is bringing me back to my true home.
它帶我回到真正的家

3 心中的島嶼
（The Island Within） 0:50

作詞／一行禪師
作曲／Joseph Emet

Dm Dm/C
Breathing in, I go back
吸進來，我回到

B♭ A Dm
to the island within myself.
我心中那島嶼。

F C
There are beautiful trees within the island.
在那島嶼上有美麗的樹，

A7 Dm
There are clear streams of water.
還有清澈的小溪。

B♭
There are birds, sunshine and fresh air.
有小鳥、陽光和新鮮的空氣。

Gm A Dm
Breathing out, I feel safe.
呼出去，我安住。

B♭ A Dm
I enjoy going back to my island.
我享受回到我的島嶼。

4 聽吧，聽吧
(Listen, Listen) 4:46

作詞／一行禪師
作曲／David & Tamara Hauze

E7 A E7 A
Listen, listen……This wonderful sound
聽吧 聽吧，這美妙聲音

E7 A E7
brings me back to my true self.
帶我回到真正的家。

6 吸進來，呼出去
(Breathing In, Breathing Out) 1:43

作詞／一行禪師
作曲／Betsy Rose

C Am
Breathing in, breathing out.
吸進來，呼出去。

Breathing in, breathing out.
吸進來，呼出去。

Dm G
I am blooming as a flower.
我綻放如花。

Dm G7 C
I am fresh as the dew.
我清涼如露。

Em Am
I am solid as a mountain.
我一如高山屹立不移。

Dm G Am G/B
I am firm as the Earth.
我像大地一般穩厚。

Am G/B C
I am free.
我自在。

Breathing in, breathing out.
吸進來，呼出去。

Breathing in, breathing out.
吸進來，呼出去。

I am water, reflecting what is real,
what is true.
我是淨水，反映著什麼是真、
什麼是實。

And I feel there is space deep inside of me.
在我之中，心裡深處，空間滿溢在其中。

C F C
I am free, I am free, I am free.
我自在，我自在，我自在。

8 入、出、深、慢
(In, Out, Deep, Slow) 0:37

作詞／一行禪師
作曲／Chan Hoa Lam

G D C G C G D7
In, out, deep, slow, calm, ease, smile,
G
release.
入、出、深、慢、靜、自在、笑、放下。

Present moment, wonderful moment.
當下一刻，美妙一刻。

9 催眠曲
(Lullaby) 1:50

Sr. True Vow

C F
I hear you, I hear you.
聽到你，我聽到你。

Am Dm
Have no fear, don't cry anymore.
不要害怕，別再哭泣。

And I'll hold you, I'll hold you
抱住你，我抱住你

if you'll only let these arms enfold you ('fold you).
只要你讓這雙臂擁抱你，圍繞你。

And I love you, I love you.
我愛你，我愛你。

I'll do my best to take good care of you.
我會盡我所能好好照料你，照料你。

'Cause I know you, I know you.
因為我懂你，我懂你。

Am Dm
You're the apple of your grandmother's eye.
你是婆婆心中的寶貝。

You're the warrior-child who's willing to cry.
你是小小英雄卻願意流淚。

Am
You're the lion's roar from deep down
你是來自內心深處的獅子之吼

F G
inside…… inside…… inside……
內心深處……內心深處……內心深處……

10 和平自在

（Peacefully Free） 1:25

Sr. Morning Light

C G/B Am G C G/B Am G

I am so free because I can be me.
我很自在，因為我能做我自己。

Look at the clouds at play, passing over everyday.
看著雲兒玩耍著過每一天。

Inside, the sky so blue, immense, spacious, and true.
在裡面，天空如此蔚藍、巨大、寬敞，且真實。

I'll be tall like the sky, wide enough to
我會像天空一樣高大、足夠寬闊，

embrace what's inside.
去擁抱裡面的東西。

Just like the clouds passing by, flying high
就像經過的雲兒一樣，飛得很高

in the grand-open sky.
在盛大的天空中。

Everything around me will be
我周圍的一切都將是

loved, embraced, and peacefully free.
愛、擁抱與和平自由。

Everything around me will be
我周圍的一切都將是

loved, embraced, and peacefully free.
愛、擁抱與和平自由。

11 善良

（Kindness） 1:44

Jamie Rusek

What is the greatest, what is the greatest,
什麼是至高無上，什麼是至高無上，

what is the greatest wisdom of all?（2X）
什麼麼是至高無上的智慧？（兩次）

Kindness, kindness, that is the greatest wisdom of all.（2X）
善良，善良，它是至高無上的智慧。（兩次）

12 走入光明

（Walk in the Light）　1:08

C　G/B
Walk in the light, beautiful light.
走入光明，美麗光明。

Am　G/B
Come where the dewdrops of mercy shine bright.
來到慈悲露珠閃爍之處。

C　G/B
Shine all around us by day and by night.
在我們四周日夜閃爍。

Am　G/B　C
We are the light of the world. We are the
我們是世界之光。

G　C
light of the world
我們是世界之光。

Walk in the light, beautiful light.
走入光明，美麗光明。

Come where the dewdrops of freedom shine bright.
來到自由露珠閃爍之處。

Shine on inside us by day and by night.
在我們內心日夜閃爍。

We are the light of the world. We are the
我們是世界之光。

light of the world
我們是世界之光。

14 行禪

（Walking Meditation）　1:25

Sr. Khe Nghiem

C　F　C　G
Walking, breathing, smiling, easing……
行走，呼吸，微笑，放鬆……

C　G　F　G
stepping mindfully on the Earth,
正念步行在地球上，

F　C　F　C　F　C
dropping all thinking, worries, and anxieties.
放下所有思考，擔心和不安，

G　F　Am
Oh, Mother Earth, I am here……
哦，地球母親，我在這裡……

Dm　Am
Brother Sky!
天空兄弟！

C　G　F　C　G
Oh, Sister Cloud em – bra – cing……
雲朵姐妹，抱——抱——……

Am　G/B　C　F-G　C
Yes, life is here dwelling i–n freedom.
是的，活在當下，於自由中安住。

15 願日夜都好（趣味版）

（May the Day Be Well / fun version）1:26

Deborah Barbe

A　　　　　　　　E
May the (day) be well, may the (night) be well.
願白日好，願黑夜好。

D　　　　　　　　　　　A
May the (midday hour) bring happiness, too.
願午時也帶來快樂。

E
In every minute and every second,
在每一分與每一秒，

D　E　A
may the day and night be well.
願白日黑夜都好。

※括號內可置換為不同組的字詞，例：

dog, cat, human being

May the (dog) be well, may the (cat) be well.
願小狗好，願小貓也好。

May the (human being) bring happiness, too.
願所有人都懂得快樂。

In every minute and every second, may the day and night be well.
在每一分與每一秒，願白日黑夜都好

sun, moon, the planet Earth

May the (sun) be well, may the (moon) be well.
願太陽好，願月亮好。

May the (planet Earth) bring happiness, too.
願地球行星也帶來快樂。

In every minute and every second, may the day and night be well.
在每一分與每一秒，願白日黑夜都好。

monks, nuns, our teacher, Thay

May the (monks) be well, may the (nuns) be well.
願比丘好，願比丘尼好

May (our teacher, Thay) bring happiness, too.
願我們的老師一行禪師也感受快樂。

In every minute and every second, may the day and night be well.
在每一分與每一秒，願白日黑夜都好。

day, night, the midday hour

May the (day) be well, may the (night) be well.
願白日好，願黑夜好。

May the (midday hour) bring happiness, too.
願午時也為您帶來快樂。

In every minute and every second, may the day and night be well.
在每一分與每一秒，願白日黑夜都好。

16 灌溉喜悅的種子

（Watering Seeds of Joy） 3:01

作詞／一行禪師
作曲／Sr. True Vow

G C Em Am
My mother, my father, they are in me,
母親，父親，在我之內，

G/B C D G
and when I look, I see myself in them.
當我看，我看到自己在他們之中。

The Buddha, the Patriarchs, they are in me,
佛陀，聖眾，在我之內。

and when I look, I see myself in them.
當我看，我看到自己在他們之中。

C G C G
I am a continuation of my mother and my father.
我是父母的延續

C G C G/B Am G
I am a continuation of all my blood ancestors.
我是血緣祖先的延續

C G C
It is my aspiration to preserve and continue to
G
nourish
我發願，保持和延續滋養

C G
seeds of goodness, seeds of skill, seeds of
善良的種子，善巧的種子，和

C
happiness which I have inherited.
我已經繼承的喜悅的種子。

Em Am C G/B
It's also my desire to recognize the seeds
我也渴望認識我所繼承的

Am Em
of fear and suff'ring I have inherited,
恐嚇和頑固的種子，

Am G/B C G C
and, bit by bit, to transform them……
一點點，轉化它們……

G C
transform them.（接最後一大段）
轉化它們。

I am a continuation of the Buddha and the Patriarchs.
我是佛陀和聖眾的延續

I am a continuation of all my spiritual teachers.
我是靈性導師的延續

It is my deep aspiration to preserve, delvelop, and nourish
我發願，保持延續和滋養

C G
seeds of understanding, seeds of love,
理解的種子，愛的種子，和

C
seeds of freedom which they have
Am
transmitted to me.
他們傳遞給我的自在的種子

G/B C
In my daily life I also want to sow seeds
日常生活中我也希望播種

G/B
of love and compassion
愛和慈悲的種子

Am
in my own consciousness and in the
在我的意識和

G/B C
hearts of other people.
他人的心中

G/B
I am determined not to water the seeds
我發誓不灌溉

Am G/B C
of craving, aversion, and violence in me.
自己貪嗔癡的種子。

I am determined not to water the seeds
我發誓不灌溉

of craving, aversion, and violence in
others.
別人貪嗔癡的種子。

G/B Am
With resolve and with compassion, I give
帶著愛和慈悲，我

G/B C
rise to this aspiration:
發願：

G/B D
May my practice be an offering of the
G
heart.（2x）
願自己的修習可以供養心靈。（兩次）

18 種樹的偈子
(Gatha for Planting a Tree) 1:41

作詞 / 一行禪師
作曲 / Joseph Emet
來自高明寺（Gao Ming Temple）的吟唱

G Em Am G
I entrust myself, I entrust myself
把自己交給、把自己交給

Em Bm
to the Earth, to the Earth,
給大地，給大地，

C G D G
And she entrusts herself to me.
大地也把她交給我。

I entrust myself, I entrust myself
把自己交給、把自己交給

to the Buddha, to the Buddha,
給佛陀，給佛陀，

and he entrusts himself to me.
佛陀也把祂交給我。

I entrust myself, I entrust myself
把自己交給、把自己交給

to the Dharma, to the Dharma,
給佛法，給佛法，

and it entrusts itself to me.
佛法也把它交給我。

I entrust myself, I entrust myself
把自己交給、把自己交給

to the Sangha, to the Sangha,
給僧團，給僧團，

and she entrusts herself to me.
僧團也把她交給我。

19 有一位佛陀
(There's Ol'Buddha) 2:09

Rev. Patricia Dai-En Bennage

Em Am G
There's ol'Buddha sittin' under the bodhi tree (bodhi tree).
那就是佛陀，祂坐在菩提樹下（菩提樹）

There's ol' Buddha, his mind as quiet/ empty/ peaceful as it could be (it could be).
那就是佛陀，祂盡量讓心安住（心安住）。

Am Em
Sittin' like a bump on a log (log),
坐著像座不動的山崗（山崗），

Am Em
sittin'like a wise ol' frog (frog).
坐著像有智慧的青蛙（青蛙）

Am **Em**
Sittin' with a smile on his face,
祂臉上半帶著微笑（微笑），

C **G**
kinda like empty space.
有點像無邊的空間（空間）

Am **Em** **Am** **Em**
Doesn't mind rain, doesn't mind thunder.
祂不怕下雨，祂不怕打雷

C
What could bother ol' Buddha, I wonder?
到底什麼能打擾佛陀呢？

（重複一次）

response
回應

F
He wasn't bothered by ______.
祂不會被______打擾，

C **Am**
He wasn't bothered by ______.
祂不會被______打擾

Dm **G** **G7** **C**
He let that ______ just roll on by
F **G** **C**
(just roll on by).
祂讓那______緩緩地離開（緩緩離開）

回應一

He wasn't bothered by sandwich.
祂不會被三明治打擾。

He wasn't bothered by sandwich.
祂不會被三明治打擾。

He let that sandwich just roll on by (just roll on by).
祂讓那三明治緩緩地離開（緩緩離開）。

回應二

He wasn't bothered by mosquito.
祂不會被蚊子打擾。

He wasn't bothered by mosquito.
祂不會被蚊子打擾。

He let that mosquito just close on by (just close on by).
祂讓那蚊子嗡嗡地飛過（嗡嗡飛過）。

20 兩願
（The Two Promises） 1:39

作詞／梅村
作曲／Betsy Rose

C Am F G C
I vow to develop understanding
我發願去培養我的理解

Am
in order to live peacefully with people,
為了與這些和平共處：人們

F G C
animals, plants, and minerals.（2x）
動物，植物和礦物。（兩次）

Am Em F C Am G/B C G C
Mm, ah……Mm, ah……Mm, ah.
嗯，啊…… 嗯，啊…… 嗯，啊

I vow to develop my compassion
我發願去培養我的慈悲

in order to protect the lives of people,
為了保護所有生命：人類，

animals, plants, and minerals.（2x）
動物，植物和礦物。（兩次）

Mm, ah（3x）
嗯，啊……（三次）

21 我愛大自然
（I Love Nature） 3:30

Joe Reilly

G C G D
Refrain: I love Nature. Nature is cool.
合唱：我愛大自然，大自然很酷。

The forest is my classroom. The Earth is my school.
森林是我的教室，地球是我的學校。

Trees are my teachers. Animals are my friends.
樹木是我的老師，動物是我的朋友。

G C D G
And on this school, all life depends.
在這所學校，所有的生命相互依存。

G C
I love all of Nature. Yes, it's true.
我愛大自然。是的，真的愛。

G D
That means I love myself, and I love you, too.
這就是說我愛我自己，同時我也愛你。

When I look around me,
看看我的周圍，

Nature's all that I'm seeing—
自然是我所看到的一切——

plants, animals, Earth, sky, and human beings.
動物、植物、地球、天空和人類。

Nature is like one big community.
大自然像個大家庭。

Many animals may live inside just one tree.
一棵樹上就有很多動物。

And that tree gives us oxygen to help us breathe.
那棵樹給我們呼吸的氧氣。

D **G**
This whole interaction is called ecology.
所有的互動叫作生態。

Refrain
合唱

I love flowers. They are so pretty.
我愛鮮花。它們真美。

I love them in the forest and I love them in the city.
我愛森林中的鮮花，我愛城市裡的鮮花。

And I love mushrooms too on a pizza or in salad,
我也愛蘑菇，披薩上的，
也愛沙拉裡的，

but my favorite place for mushrooms is right here in this love ballad.
但我最愛這首歌裡的蘑菇。

I love children and I love H_2O.
我愛孩子，我也愛H_2O。

And children who like Nature can help the rivers flow
愛大自然的孩子
會保護濕地、濕草地

by protecting habitats like wetlands and wet meadows.
等憩息地幫助河流流動

When we work together, we can all
當我們一起工作的時候，我們

help Nature grow, so: Refrain
都可以幫助自然生長，所以（接合唱）

So let's love Nature right now with all our hearts.
所以讓我們立刻全心全意愛大自然。

That's right, this present moment is a great place to start.
就是這樣，現在正是開始的好時機。

We don't need any money. It may take a little time.
我們不需要錢。只需要花一點時間。

We need to open up our arms, hearts, mouths, and minds
我們需要敞開雙臂，心靈語言，
和思想，

so we can see the gifts Mother Nature can bring.
如此我們便能看到大地母親的饋贈。

When we learn to appreciate it, it makes
us want to sing.
當我們心懷感激，我們會想要歌唱。

And when we are smiling and singing our song,
當我們微笑著歌唱，聽到這歌聲的人，

other people hear us and may want
to sing along. They sing: Refrain
也會想要一同歌唱。他們唱（接合唱）

23 許多雙手
(Many Hands) 3:04

Rev. Jody Kessler

G C G C D G
On this plate there are many hands—
這星球上有許多雙手——

C Bm
the hands that sowed the seeds, the
種地的手，

Am D
hands that plowed the land,
耕地的手，

G Bm
the hands that worked the harvest,
收穫的手，

C D Em
and brought it to the stands.
運送的手

C G C D G
Yes, on this plate are many hands.
是的，這星球上有許多雙手。

In this bowl are sun and rain and air,
這只碗裡有陽光、雨水和空氣，

the garden soil and all the tiny
園土，和所有

creatures that live there,
住在那裡的小生物，

the delicate balance of beings great and small.
眾生的微妙平衡，大和小。

Yes, in this little bowl we have them all.
是的，在這只小碗裡我們都擁有它們。

In this meal are many hearts and souls—
在這頓飯裡有許多心靈和靈魂——

some may be our families who served
有些人可能是我們的家人

it in our bowls
為我們做飯

some may be migrant workers whom
有些人可能是

we will never know,
我們不認識的農民，

who can't afford to buy the food they grow.
買不起他們自己種的食物。

In this room there are many hands.
在這間房間裡有很多雙手。

Let's join them all together in a circle,
讓我們加入他們，圍成一圈，

if we can.
若我們能做到。

And in this sacred silence, let there be gratitude
在這神聖的沉默中，讓我們

for the many hearts and hands that
對帶來這食糧的

made this food.（2x）
許多顆心，和許多雙手
心存感激。（兩次）

24 小蕃茄
（Little Tomato） 3:08

Joe Reilly

Joe:
喬：

F#m A
Hello little tomato,
你好啊小蕃茄，

D
Can you tell me all the secrets of this
你能告訴我關於你的生命的

life that you know?
所有秘密嗎？

In what type of environment did you grow?
你在怎樣的環境中成長？

Have you ever seen the city streets of Bordeaux?
你見過的波爾多的街道嗎？

Hello little tomato,
你好啊小蕃茄，

I'm happy to have you as part of my
很高興你能成為

bean stew.
我做燉豆的食材。

Again let me ask you, do you remember
讓我再問你，你還記得嗎？

last September,
去年九月，

Growing together with the cucumber
與黃瓜一起成長

in the fall slumber?
在秋天的搖籃裡？

Sometimes I wonder if it felt a little edgy
有時我想知道，在收穫時節之前

To be a young veggie before the harvest time.
做一個年輕的素食者，是否有些前衛

Tomato:
蕃茄：

Well I started out as just a seed.
好吧，我開始只是一粒種子。

when I germinated I was just a weed.
發芽的時候，我只是一棵小草。

I grew up strong, my branches creeped along.
我長大了，我的樹枝四處伸展

I always hoped that one day I'd be in a song.
我總是希望有一天，能被放進一首歌。

But alas, I know I've digressed
但是，唉，我知道我已經離題了

Sitting in your stew you might think
坐在你的燉菜中，你可能會覺得

I'm depressed.
我很沮喪。

But I'm quite content, and will not
但我很滿足，也不會

prevent you from eating me.
阻止你吃我。

I'm so happy to become part of you,
我很高興成為你的一部分，

your thoughts and your body.
你的想法和你的身體。

It's like one big energy exchange party.
這就像一個大型的能源交換派對。

And what, you ask, started all of this?
那麼，你問，這一切從哪裡開始？

It was the sun and photosynthesis.
答案是太陽和光合作用。

I'm a producer, you're a consumer.
我是生產者，你是消費者。

I'll say it again, I was fed by the rain and
我會再說一遍，我由雨水餵養

received the most from the compost.
堆肥給了我最多的養分。

Decomposing matter helped me grow fatter,
分解物幫助我成熟，

More red and juicy. Now won't you excuse me,
變得鮮紅多汁。現在，拜託，

Its time for you to stop talking and consume me,
是時候停止說話，吃掉我吧，

consume me.
吃掉我。

Joe:
喬：

Thank you, little tomato.
謝謝你，小蕃茄。

There are so many more things that
雖然還有很多東西

I could say though.
我可以說。

But it's enough to say I'm grateful
但只說感恩，就足夠了

For all the stuff that you're made of:
對於你包含的一切：

The water, the soil, and the sunshine;
水、土壤和陽光；

The gardener who staked out your vine;
為你移苗的園丁；

The harvester who picked you at the right time.
在合適的時間摘下你的收割者。

I even have to acknowledge the energy divine
我還要感恩那神聖的能量

That is in you and flows from you to me.
在你之中，又流入我。

I will do my very best to live and to be
我會好好生活

Worthy of your time and your energy.
不負你的時間和能量。

I will eat you happily, mindfully.
我會愉快地，正念地食用你。

Come rest for a while with me in my belly,
和我一起，在我的肚子裡休息片刻，

Then return to the earth for another rebirth.
然後回到大地，再次重生。

I'll see you again my vegetable friend.
我們會再見，我的蔬菜朋友。

I'll see you again my little veggie friend.
我們會再見，我的小小蔬菜朋友。

I'll see you again.
我們會再見。

Joe: Hello little tomato.
喬：小蕃茄你好。

Tomato: Hello.
蕃茄：你好。

25 站得像一棵樹
（Standing Like a Tree） 0:26

詞曲／Betsy Rose
改編／梅村

C **F**
Standing like a tree with my roots
像樹一樣站立，

C **F**
down deep and my branches wide
樹根深深紮下，樹枝寬闊地

G **Am**
and o – pen……
張一開……

Em **F**
Come down the rain (come, come),
讓雨水灑下（下吧！下吧）

G **C**
Come down the sun,
讓陽光灑下，

Em **F** **G** **C**
return to the Earth, return to the One.
回到大地，回到地球。

C **F** **G** **C**

26 快樂是此時此地
（Happiness is Here and Now） 0:58

Eveline Beumkes

G **Bm** **Em** **Am**
Happiness is here and now, I have
快樂是此時此地，

D
dropped my worries.
我已放下煩惱。

C **G** **Am**
Nowhere to go, nothing to do, no longer
無處要去，無事要做，

D7 **G**
in a hurry.
再不必匆忙。

Happiness is here and now, I have
快樂是此時此地，

dropped my worries.
我已放下煩惱。

Somewhere to go, something to do,
有地方去，有事要做，

but I don’t need to hurry.
但不再急忙。

27 燦爛的笑
（Great Big Smile） 2:16

Gregg Hill & Jamie Rusek

G C F C
I am a bird, a beautiful bird.
我是小鳥，一隻美麗的鳥。

G F C
I am the sun, the golden sun.
我是太陽，金光閃閃的太陽。

G Am Em
I am the wind blowing in
我是微風

C F
the beautiful bird in the sun.
在陽光下吹拂著美麗鳥兒。

C G C
We are one in a wonderful world.
我們是一體，在這美妙世界。

I am a seed, a tiny seed.
我是種子，一顆小小的種子。

I am the rain, gentle rain.
我是雨水，溫柔涓滴的雨水。

I am a stream carrying
我是小溪

the tiny seed in the rain
在雨中運載著小小種子

as we change in a wonderful world.
當我們變幻，在這美妙世界。

I am a note, a simple note.
我是音符，一個簡單的音符

I am a song, a peaceful song.
我是歌曲，一首平和的歌曲

I am a child, great big smile.
我是孩子，笑容燦爛

（I'm a note in a song,
sing along in a wonderful world.）
（我是一首歌的音符，
一起歌唱，在這美妙的世界。）

28 感受頌（傳統的偈子）
（Feelings Gatha）1:21

Feelings come and go like clouds in a windy sky.
感受的來去如空中漂浮的雲朵

Conscious breathing is my anchor.
覺知的呼吸是我支柱。

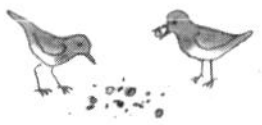

29 無來無去
（No Coming, No Going） 1:00

Sr. True Virtue

A E A
No coming, no going, no after, no before;
無來，無去，無後，無前；

D C#m Bm
I hold you close to me, I release you to be so free.
我抱你緊貼我，我放手讓你自由。

Bm A E C#m
Because I am in you, and you are in me.
因為我在你裡面，你也在我裡面。

Bm A E A
Because I am in you, and you are in me.
因為我在你裡面，你也在我裡面。

引導詞

5 鵝卵石禪
（Guided Pebble Meditation） 7:39

Find a quiet place.
找一個安靜的地方。

Sit in a comfortable position.
以舒服的方式坐下來。

On a chair or on a cushion or on the floor.
可以坐在椅子、坐墊或地板上。

If on the cushion，
如果是坐在坐墊上，

sit on the front third of the cushion
請坐於坐墊的三分之一處

with your knees lower than your hips.
讓膝蓋低於臀部。

So that your back can be straight without effort.
這樣可以讓背部輕鬆地挺直。

You can sit cross-legged，
你可以盤腿而坐，

or kneel with your legs on either side of the cushion.
或者跪坐在墊子的任一面。

If on a chair,
如果是坐在椅子上，

sit on the front half of the chair.
請坐在椅子的前半部份。

So your back does not lean on the chair.
背部和椅子保持距離。

Grounding your feet flat on the floor,
將雙腳平放於地板，

and pressing your seats bones into the chair.
坐骨放好在椅上。

Reach up with the top of your head to the sky
延伸頭頂朝向天空。

Allowing your back to lengthen.
讓背部伸展。

Feeling space between your vertebrae.
感受脊椎之間的空間。

Allow your shoulders to melt down and relax.
讓肩膀下沉並且放鬆。

Smile, to release the muscles in your face.
微笑，放鬆臉部肌肉。

If you have four pebbles,
如果你有四塊鵝卵石，

please them to one side.
先將它們放在一側。

If not, just keep your hands resting on your lap with each exercise.
若沒有鵝卵石，每段練習就保持雙手放在膝蓋上。

Close your eyes.
閉上眼睛。

Notice your breath as flow in and out of your body.
注意呼吸在身體中的吸進吐出。

We will pick in pebble meditation
我們會用鵝卵石來引導坐禪

by listening to three sounds of the bell.
請一起聆聽三聲鐘聲。

With each sound of the bell,
隨著每一個鐘聲，

you can enjoy breathing in and out at least three times.
你可以享受至少三次的呼吸。

（3聲鐘聲）

Pick up the first pebble and lay it in your left palm,
拿起第一塊鵝卵石，放在你的左手掌心，

then place your left hand gently on your right.
然後把左手輕輕放在右手上。

Breathing in, I see myself as a flower.
吸氣，我看到自己是一朵花。

Breathing out, I am beautiful just as I am, and I feel fresh.
呼氣，我的存在是如此美麗，
我感到清新。

In, flower.
吸氣，花。

Out, fresh.
呼氣，清新。

Continue on your own for three breathes.
繼續做三次呼吸。

（1聲鐘聲）

Now put the flower pebble down on the other side.
現在把代表花的鵝卵石放在另一邊。

Pick up the mountain pebble.
拿起代表山的鵝卵石。

Breathing in, I see myself as a mountain.
吸氣，我看到自己是一座山。

Breathing out, I am concentrated.
呼氣，我專注著。

No one can distract me, I feel solid.
沒有人能分散我的注意力，我感覺安穩，

In, mountain.
吸氣，山。

Out, solid.
呼氣，安穩。

(1聲鐘聲)

Put the mountain pebble down on the other side.
把代表山的鵝卵石放在另一邊。

Pick up your still water pebble.
拿起代表靜水的鵝卵石。

Breathing in, I see myself as still water.
吸氣，我看到自己是靜水。

Breathing out, I reflect things clearly inside and around me.
呼氣，我如實反映內心和周圍的事物。

In, still water.
吸氣，靜水。

Out, reflecting.
呼氣，如實反映。

(1聲鐘聲)

Put the still water pebble down on the othe side.
把代表靜水的鵝卵石放在另一邊。

Pick up your space pebble.
拿起代表空間的鵝卵石。

Breathing in, I feel space inside of me.
吸氣，我感受到自己內在的空間。

I'm like the big sky above.
我就像上方的廣大天空。

Breathing out, I feel free.
呼氣，我感到自在。

Space, free.
空間，自在。

(1聲鐘聲)

Now put the last pebble down by your side.
現在把最後一顆鵝卵石放在一邊

We will listen to three sounds of the bell to end.
我們聽三響鐘聲來結束。

Enjoy your breathing.
請享受你的呼吸。

(3聲鐘聲)

7 給年輕人的深度放鬆
(Deep Relaxation for Young People)

Deep relaxation is a wonderful chance to allow our bodies to rest.
深度放鬆為我們身體提供了極好的休息機會。

When our body is at ease and relaxed,
當我們的身體舒適、放鬆，

our mind will also be calm and at peace.
我們的心也會安靜、平和下來。

The practice of deep relaxation is very important for our body and mind to heal.
練習深度放鬆對我們的身心的治癒是非常重要的。

Please take the time to practice it often.
請經常花一點時間來練習。

You can practice deep relaxation anytime of the day.
可以在一天之中的任何時候練習深度放鬆。

For 5 or 10 minutes when you wake up in the morning or before going to bed in the evening.
早晨醒來、每晚睡覺前的5或10分鐘，

or during a short break in the middle of a busy day.
或繁忙一天當中的短暫休息時間。

The most important thing is to enjoy it.
最重要的是好好享受它。

Please lie down comfortably on your back.
以背舒服的方式躺下。

If this is not comfortable, you can sit.
如果不舒服，你也可以坐著。

Close your eyes, allow your arms to rest gently on either side of your body,
閉上眼睛，讓你的雙臂輕輕地放在身體兩側。

and let your legs and feet relax opening outwards.
雙腿和雙腳放鬆，自然地朝外。

(3聲鐘聲)

Do you know you are a miracle?
你知道自己是一個奇蹟嗎

Your whole body is a miracle,
你整個身體是一個奇蹟，

from the hair on the top of your head
all the way down to your little this toe.
從頭上的頭髮一直到最小的腳趾。

We begin by breathing in and breathing out.
我們從吸氣和呼氣開始。

When we breathe in, we feel our tummy rise up.
吸氣時，感覺腹部上升。

When we breathe out, we feel our tummy go down again.
呼氣時，感覺腹部下降。

Everything comes in and out like waves on the ocean,
就像大海的波浪一樣起伏，

very relaxed, very peaceful.
非常放鬆，非常平和。

For several breathes,
just notice the rise and fell of your belly.
請繼續幾次呼吸，就只是注意腹部的起伏。

(停頓幾秒鐘)

As I breathing in , I become aware my whole body lying down.
吸氣，感覺整個身體往下沉。

I feel all the areas of my body that are touching the floor.
感覺身體各個部分都接觸地板。

My heels, the backs of my legs, my bottom, my back, the backs of my hands and arms, the back of my head.
腳後跟，小腿後側、臀部、背部、手臂後側、手背、後腦勺。

With each out breath I feel myself relax deeper and deeper into the floor.
隨著每次呼吸，感覺自己越來越下沉到地底裡。

Letting go of everything.
一切都放下。

Letting go of worries or fear or thoughts and planning about the future.
放下煩惱，放下恐懼，放下思慮，放下對未來的計畫。

Breathing in, I feel my two hands.
吸氣，感覺到我的雙手。

Breathing out, I feel lucky to have two good hands, and I smile to my two hands.
呼氣，感覺擁有好的雙手是多麼幸運
對雙手微笑。

My two hands are so precious.
雙手是如此珍貴。

Because of my hands, I can play in the sand and build a sandcastle.
因為雙手，我可以玩沙子、建沙子城堡。

With my two hands, I can paint, I can draw, I can write.
擁有雙手，我可以畫畫、素描、寫作。

I can build and fix things or pet and animal.
可以建造或修理東西，撫摸寵物與動物。

I can ride a bike, I can climb a tree and throw a snowball.
可以騎自行車，可以爬樹，
還可以扔雪球。

I can hold hands with my friend, tie my shoelaces.
可以和朋友握手，繫鞋帶。

I can help make cookies, brush my hair and much much more.
可以幫助做餅乾，梳頭髮等等做很多事情。

Breathing in, I stretch my hands wide.
吸氣，伸展雙手。

Breathing out, I let them go.
呼氣，放鬆雙手。

My hands are two very good friends, always ready to help me.
雙手是我的好朋友，隨時準備幫助我。

Breathing in, I feel my two arms.
吸氣，感覺到我的雙臂。

Breathing out, I allow my arms to rest.
呼氣，讓雙臂放鬆。

Breathing in, I feel happy to have two strong arms.
吸氣，很高興擁有強壯的雙臂。

Breathing out, I let go of any tight muscles ,
呼氣，完全釋放緊繃的肌肉，

and I feel joy and ease in all the cells of my arms.
感覺到雙臂的每個細胞都喜悅自在。

With my arms I can hug Mom Dad, Grandma or grandpa, I can hold them real tight.
擁有雙臂，我可以擁抱父母和祖父母，
緊緊地擁抱他們。

My arms let me play on the swing, go swimming or throw a football.
擁有雙臂，我可以盪鞦韆、游泳、
玩橄欖球。

They help me to do a cartwheel, take out the trash and carry a kitten.
有雙臂的幫忙，可以側手翻，收拾垃圾，
抱小貓。

Now I have the chance to tell my arms thank you.
現在我有機會對雙臂說謝謝你。

They do so much for me.
它們為我做了這麼多事情。

Breathing in, I stretch out my arms and tense them tight.
吸氣，拉展伸展雙臂。

Breathing out, I let my arms rest.
呼氣，讓雙臂休息。

Letting go.
完全放鬆。

I smile to my two good friends.
我對雙臂這兩位好朋友微笑。

Breathing in, I tense my shoulders.
吸氣，推展我的雙肩。

Breathing out, I let my shoulders rest and give all their weight to the floor.
呼氣，讓雙肩放鬆，重量都落在地板上。

Breathing in, I send my love to my shoulders.
吸氣，把愛傳送給雙肩。

And breathing out, I smile to my shoulders.
呼氣，對雙肩微笑。

I'm thankful for their strength.
感謝雙肩的力量。

Every time I breathe out, I feel them relax more and more deeply.
每次呼氣，感覺到雙肩越來越深度的放鬆。

Breathing in, I feel my two feet.
吸氣，感覺到我的雙腳。

Breathing out, I smile to my two feat.
呼氣，對雙腳微笑。

I wiggle my toes all 10 of them.
擺動十個腳趾。

How nice to have two feet.
擁有雙腳是多麼美好。

With my two feet I can walk and run, play sports, dance and ride a bike.
擁有雙腳，我可以走路、跑步、做運動、跳舞，騎自行車。

My feet love to feel the warm sand when I walk on the beach.
雙腳多麼喜歡踏在溫暖沙子上的感覺。

When it rains, my feet love to go splash in a rain puddle.
下雨的時候，雙腳喜歡在小水坑濺出水花。

In the park or playground, my feet love to ru
and jump and skip.
在公園或遊樂場，雙腳喜歡奔跑與蹦蹦跳跳。

And when I'm tired, my two feet love to rest
累了的時候，雙腳也喜歡休息。

Thank you, feet.
謝謝你，雙腳。

Breathing, in I stretch out my feet and toes
吸氣，伸展雙腳和腳趾，

tense all the muscles in my feet and toes.
推展雙腳與腳趾所有的肌肉。

And breathing out, I relax.
呼氣，放鬆，

I feel lucky to have my two feet.
我覺得擁有雙腳如此幸運。

Breathing in, I feel my right and left legs.
吸氣，感覺到我的右腿和左腿。

Breathing out, I enjoy my two legs.
呼氣，享受雙腿。

My two legs have been growing everyday since I was a tiny little baby.
從小嬰兒到現在，雙腿每天都在成長。

They are still growing and changing right now.
它們此時此刻還在成長。

My growing legs help me stand up straight, each day a little taller.
成長中的雙腿幫我站直，每天都長高一點。

With my two legs, I can sit cross-legged or do the splits.
擁有雙腿，我可以盤腿而坐，或劈一字腿。

I can play soccer and walk on stilts,
可以玩足球，可以踩高蹺，

climbing up and down the stairs, walking back and forth to school.
可以上下爬樓梯，可以走路上學放學。

I have already walked miles and miles, just with my two legs.
我已經用雙腿走了好多好多的路。

It feels so good to have my legs.
感覺擁有雙腿是如此美好。

Breathing in, I stretch out my legs, I tense all the muscles.
吸氣，我伸展雙腿，推展所有的細胞。

And breathing out, I let my legs rest, letting all the muscles go.
呼氣，讓雙腿放鬆，讓所有的肌肉都放鬆。

My legs are in miracle, and they are always there for me.
我的雙腿是一個奇蹟，它們一直為我而在。

Breathing in, I feel my two eyes.
吸氣，感覺到我的雙眼。

Breathing out, I smile to my eyes.
呼氣，對雙眼微笑。

Breathing in, I let all the many muscles around my eyes relax.
吸氣，讓雙眼周圍的肌肉全部放鬆。

Breathing out, I send my two eyes my love and care.
呼氣，把愛和關注傳遞給雙眼。

My two eyes are a gift.
擁有雙眼是多麼好的禮物。

With my eyes, I can see.
擁有雙眼，我可以看。

I can see you and I can see me.
可以看見你，可以看見自己。

I can see birds flying in the bright blue sky.
可以看見小鳥在明亮的藍天飛翔。

I can see the yellow moon up above so high.
可以看見黃色月亮爬上高空。

I can read, write, and watch television.
可以讀書、寫作，還可以看電視。

I can watch, and spilled, and do long division.
可以觀察和做數學題目。

When I'm sad, I can cry and let the tears flow.
當我感到悲傷時，我哭泣，讓淚水流出。

My eyes let everything inside of me show.
我的雙眼讓內心的一切都顯現出來。

Breathing in, I squeeze my eyes tight.
吸氣，緊閉雙眼。

Breathing out, I release them and let them rest.
呼氣，放鬆雙眼。

Thank you eyes, for letting me see.
謝謝你，雙眼，讓我看到

there's so much beauty to see around me.
周圍有這麼多美好的事物。

Breathing in, and I feel my lungs grow bigger.
吸氣，感覺肺變大。

When I breathe out, I feel them shrink, get smaller.
呼氣，感覺肺縮小、變小了。

Breathing in, I feel so happy to have good lungs.
吸氣，我很開心擁有兩個良好的肺。

Breathing out, I smile to them with kindness.
呼氣，友善地對肺微笑。

My lungs are so incredible.
我的肺是這樣的不可思議。

They help me breathe in and out all day and night, even when I sleep.
它們不分白天黑夜幫我吸氣呼氣，
哪怕睡覺時也是如此。

They bring oxygen into my body.
它們把氧氣帶到我的身體裡面。

And give me the power to speak, to sing, to shout, to whisper, to giggle and grumble.
讓我有力氣說話、唱歌、喊叫、低語、傻笑和發牢騷。

When I was just born, the first thing I did was take a deep in breathe.
出生時，我做的第一件事情就是深深吸氣。

And ever since then, my lungs have been there for me.
從那以後，肺就一直幫助我呼吸。

Every minute and every day.
每一分鐘，每一天。

I breathe in, the fresh air into my lungs,
吸氣，吸入清新的空氣到肺。

and breathing out, I let them rest and be in an ease.
呼氣，讓肺休息與放鬆。

Thank you lungs, for helping me breath.
謝謝肺一直幫我呼吸。

Breathing in, I know my heart is beating on the left side of my chest.
吸氣，我知道心臟在左胸口內跳動。

Breathing out, I enjoy my heart and let it rest.
呼氣，享受心臟，讓心臟休息。

With my in breath, I send my love to my heart.
隨著吸氣，把愛傳送給心臟。

With my out breath, I smile to my heart.
隨著呼氣，對心臟微笑。

My heart keeps me alive,
心臟讓我能夠活著，

and it is always there for me, every minute every day.
它一直為我存在，每一分鐘，每一天。

It never takes a break.
心臟從未休息。

My heart has been beating since I was just a four-week-old fetus in my mother's womb.
從我在母親子宮裡四個星期大時，
心臟就開始跳動了。

It is a marvelous organ that allows me to do everything I do throughout the day.
這是多麼偉大的器官，讓我可以每天做每一件事情。

Breathing in, I know that my heart also loves me.
吸氣，知道心臟是多麼愛我。

Breathing out, I promise to live in a way
that will help my heart to be healthy and strong.
呼氣，我承諾會用讓心臟更健康強壯的方式
好好活著。

With each exhalation,
隨著每次呼吸，

I feel my heart relaxing more and more,
感覺心臟越來越放鬆，

and I feel each cell in my heart smiling with ease and joy.
讓心臟的每個細胞都輕鬆喜悅地微笑。

Breathing in, I feel my stomach.
吸氣，感覺到我的胃。

Breathing out, I let my stomach relax.
呼氣，讓我的胃放鬆。

As I breathe in I enjoy my stomach,
隨著吸氣，享受我的胃，

and as I breathe out I smile to my stomach.
隨著呼氣，對胃微笑。

I know my stomach works so hard for me.
我知道胃每天辛苦地工作。

Each day at digest the food I eat,
消化我所吃的食物，

and gives me energy and strength.
提供能量和活力。

Now I let it rest totally.
現在，讓胃完全休息。

As I breathe in, I feel my stomach feeling happy and light.
隨著吸氣，感覺胃如此歡喜輕鬆。

As I breathe out, I feel so thankful for my stomach that is always there for me.
隨著呼氣，感謝胃一直在此支持我。

Now I bring my attention to a place in my body that may be sick or in pain.
現在，把注意力帶到身體某個有疾病或感到疼痛的部位。

I take this time to become aware of it, and send it my love.
花點時間感受它，把愛傳遞給它。

Breathing in, I allow this area to rest,
吸氣，讓它好好休息，

and breathing out, I smile to it with kindness.
呼氣，友善地對它微笑。

I know that there are other parts of my body that are still strong and healthy.
我知道身體還有其他強壯與健康的部位。

I let these strong parts of my body send their strength and energy to the weak or sick area.
讓強壯的部位把能量傳遞給這個脆弱、或生病的部位。

I feel the support energy and love of the healthy parts of my body,
感覺來自身體健康部位的支持、能量和愛，

penetrating the week area, soothing and healing it.
滲透脆弱的部位，撫慰它、治療它。

As I breathe in, I know my body is a miracl
隨著吸氣，感覺到我的身體是一個奇蹟

because it can heal when it gets sick.
因為生病時可以把病給治好。

As I breathe out, I let go of any worry or fe
I might hold in my body.
隨著呼氣放下身體裡所有的擔心和恐懼

I might hold in my body.
breathing in and out.
吸氣，呼氣。

I smile with love and confidence
to the area of my body that is not well.
用愛和信心對生病的部位微笑。

Breathing in, I feel my whole body lying down.
吸氣，感覺整個身體平躺著。

Breathing out, I enjoy the feeling of my whole body lying down,
呼氣，我享受整個身體平躺的感覺，

very relaxed and calm.
非常放鬆，非常平靜。

I smile to my whole body, as I breathe in.
對整個身體微笑，我吸氣。

And send my love and compassion to my whole body, as I breathe out.
把愛和慈悲傳遞給整個身體，我呼氣。

I feel all the cells of my whole body smiling joyfully with me.
感覺整個身體裡的全部細胞正與我歡欣地微笑。

I feel gratitude for all the cells in my whole body.
感激整個身體裡的每個細胞。

I feel the gentle rising and falling of my belly.
感覺腹部柔和的起伏。

13 深度放鬆結束
(End of Deep Relaxation) 0:46

Now the practice of deep relaxation is over.
現在，深度放鬆的練習已經結束。

You can regular hands and feet and slowly stretch then roll on to one side.
你可以動動手跟腳，慢慢地伸展，
或是滾動兩側身體。

When you are ready, you can open your eyes.
當你準備好了，可以睜開眼睛。

Take your time to get up calmly and slowly.
慢慢來，安穩與緩慢地起身。

Enjoy carrying the peaceful mindful energy you have generated into the rest of the day.
享受深度放鬆所帶來平靜與正念地能量，來渡過這一天。

17 給年輕人的接觸大地
(touching the earth for young people) 7:41

When me touch the Earth,
當我們接觸大地，

we breathe in and joining our palms touch them to our forehead and our heart.
我們吸氣合掌，雙掌接觸前額和我們的心。

This is to unify our mind and body.
這是為了讓身心合為一體。

Breathing out, we open our palms and been down.
呼氣，我們分開雙掌，然後跪下。

Either nailing and touching our forehead to the floor.
讓雙膝或前額接觸地板。

Like the child's pose in yoga.
就像瑜伽中的嬰兒式。

Or laying our whole body sat on her belly and turning her head to one side.
或是整個身體平躺，腹部貼在地上，
把臉轉向一側

We turn our palms upward in a gesture of openness receptiveness and surrender.
我們讓手掌朝上，代表開放、接受和降服。

We relax completely.
我們完全放鬆。

And allowed the text to enter our body and mind while lying on the ground.
平躺時讓話語深深地進入我們的身心。

We will begin now by listening to three sounds of the bell.
讓我們開始，先聆聽三聲鐘聲。

(3聲鐘聲)

Touching the earth,
接觸大地，

I see that I am a child of the earth.
我看到自己是大地的孩子。

(1聲鐘聲)

You can touch the Earth.
你可以接觸大地。

The Earth just like my mom or my dad.
大地像我的母親或父親。

From the Earth I receive delicious foods to eat.
大地給了我美味的食物。

Like wheat to make bread, rice, apples and carrots,
比如做麵包的小麥、米飯、蘋果和胡蘿蔔，

and even chocolate from cocoa beans.
甚至是做巧克力的可可豆。

The Earth gives us material to make our cloth that cotton and wool from the sheep,
大地給我棉花和羊毛做成衣服，

the wood and stone to make our homes.
木材和石頭做成我們的家。

The Earth takes such good care of me.
大地如此用心照顧我們。

I feel happy to live on the earth.
我很開心生活在大地上。

I feel my body lying on the Earth.
感覺身體躺在大地上。

I feel my arms and my legs and my face touching the ground.
感覺手、腳和臉接觸著大地。

I feel that the Earth is solid and can support me
感覺到大地如此穩固，可以支持我。

I see the earth covered with many plants and trees and beautiful flowers.
我看到大地上覆蓋著許多植物、樹木和美麗的花朵。

Making the air clean and pure.
讓空氣如此清新、純淨。

As I breathe in, I can feel the fresh cool air, feel my body.
當我吸氣時，我感覺清新、涼爽的空氣充滿我的身體。

I feel calm and relaxed.
我感覺平和而放鬆。

I feel happy and safe on the Earth.
和大地在一起我很開心、很安全。

(1聲鐘聲)
You can stand up.
你可以站起來。

Touching the Earth, connected to my parents.
接觸大地，我感到和父母的聯繫。

(1聲鐘聲)

You can touch the earth,
你可以接觸大地，

I am the child of my parents,
我是父母的孩子，

even though I may not live with both of them now.
哪怕我現在不和他們住在一起。

I see my parents and I smile to them.
我看到我的父母，對他們微笑。

I want both of my parents to be happy.
我希望雙親都快樂。

I want them to be safe and free from all worries.
我希望他們安全、自由、無憂無慮。

Sometimes my parents get angry at me and I feel hurt.
有時候父母對我生氣，我感到很受傷。

Sometimes they are so busy and do not seem to have time for me, and I feel sad.
有時候他們很忙，看上去沒有時間和我在一起，我覺得傷心。

But other times mom or dad takes care of me.
但是其他時候，父母都很照顧我。

And we can laugh and play together and we have fun.
我們可一起玩樂，一起開懷大笑。

My parents have taught me so many things,
我的父母教會我這麼多事情，

like how to read or sing or do math or make cookies.
比如怎麼讀書、唱歌、做數學題或做餅乾。

I feel thankful to them.
我感謝父母。

I know that my parents were children too,
a long time ago.
我知道我的父母也曾是小孩，
在很久以前。

And they felt sad and hurt sometimes, just like me.
他們有時候也會覺得傷心，
也會覺得受傷，和我一樣。

I know they have had many difficulties in their lives.
我知道他們生活裡有很多困難。

And I don't feel mad at them.
我並不生他們的氣。

I think of my parents, and I feel their love and support,
想著父母，我感受到他們的愛和支持，

and I feel happy.
我覺得開心。

I know my parents need my freshness and my smiles
我知道父母需要我的清新與微笑

to make them happy too.
這樣也會讓他們開心。

（1聲鐘聲）

And you can stand up.
你可以站起來。

Touching Earth, I am happy to be me.
接觸大地，我很高興我是自己。

（1聲鐘聲）

You can touching the earth.
你可以接觸大地。

I am a young girl or boy living on the planet earth.
我是生活在地球上的一個小女孩或小男孩。

Sometimes I feel small like a tiny bug or a spider
有時候我覺得自己像爬蟲一樣幼小

happily crawling in the grass.
或像快樂地在草地上爬行的蜘蛛。

Sometimes I feel big, like a huge, old tree,
有時候我覺得自己像一棵巨大古老的樹，

my branches reach up to touch the clouds,
我的枝幹直衝雲霄，

and my roots go way down deep in the earth
我的根深深地植入大地

drinking from the water under the ground.
從地底獲取水分。

Sometimes I am happy like the sunshine,
有時候我如陽光般快樂，

and I make everyone smile.
我讓每個人微笑。

Sometimes I'm sad and lonely, like a gray cloudy day,
有時候我如陰天般傷心和孤單，

and I just want to hide in a tree and cry.
我只想躲進樹裡哭泣。

But when I cry, my tears are like cool rain on a hot afternoon.
但當我哭泣時，我的眼淚像炎熱午後的清涼小雨。

And afterwards I feel fresh and new.
哭完之後，我又感到清新和新鮮。

I know whenever I feel sad or scared or mad.
我知道，不管何時，當我傷心、害怕或憤怒。

I can go to the Earth, and she will always be there for me.
我都可以回到大地，大地永遠為我而存在。

The rocks and creatures, the plant and flowers the sun and the dark starry sky are all there for me.
岩石和動物、植物和花朵、太陽和星星閃爍的夜空，都為了我在那裡。

I breathe in, the cool, fresh earth.
吸氣，我感覺到清涼、清新的大地。

I breathe out, all my fears, my sadness, my anger.
呼氣，我所有的恐懼、悲傷和憤怒都隨之而去。

I accept myself.
我接受我自己。

I accept myself when I am happy and joyful.
當我快樂歡喜時，我接受自己。

And I also accept myself when I have difficulties
when I am angry or sad.
當我遇到困難、當我生氣或傷心時，我也接受我自己。

I smile to myself.
我對自己微笑。

And I see that I am a wonderful flower living on the earth.
我看見自己是生活在大地的一朵美麗花朵。

I am a part of the earth, and the earth is a part of me.
我是地球的一部分，地球也是我的一部分。

（1聲鐘聲）
And you can stand up
你可以站起來。

（再1聲鐘聲）

22 食前觀想

（Contemplation at Mealtime） 1:12

1. This food is the gift of the whole universe: The earth, the sky, the rain and the sun.
這些食物是整個宇宙的禮物：地球、天空、雨水和太陽。

2. We thank the people who have made this food, especially the farmers, the people work at the market and the cooks.
我們感謝製造這些食物的人，特別是農夫、某市場的工作人員和廚師。

3. We only put on our plate as much food as we can eat.
我們只拿我們能吃完的食物放在盤子裡。

4. We want to chew the food slowly so that we can enjoy it.
願我們細細咀嚼，這樣我們才可以好好享受食物。

5. We want to eat in a way that nurtures our compassion and protects others species and the environment, and reverses global warming.
願我們用滋養慈悲的方式進食、保護其他物種和環境，逆轉地球暖化。

6. This food gives us energy to practice being more loving and understanding.
這些食物給我們能量去練習，增長慈愛和理解。

7. We eat this food in order to be healthy and happy, and to love each other as a family.
願我們食用這些食物之後，更加健康和歡喜，彼此相親相愛如一家人。

資　源

在本書相關網站：www.plantingseedsbook.org 可以找到許多資源，適用練習和進一步閱讀，包括了術語表和其他修習與練習。

本書所附CD中的歌詞及引導詞，為便於閱讀，

請讀者由附錄第一頁開始，依頁序左翻閱讀。

【附錄】

CD歌詞及引導詞

衆生系列　JP0146X

一行禪師　與孩子一起做的正念練習：灌溉生命的智慧種子
（隨書附贈練習音樂CD）
Planting Seeds: Practicing Mindfulness with Children

作　　者／一行禪師（Thich Nhat Hanh）& 梅村社群（Plum Village Community）
繪　　圖／維茲克・華理臣(Wietske Vriezen)
譯　　者／陳潔華
責任編輯／陳怡安
業　　務／顏宏紋

總 編 輯／張嘉芳
出　　版／橡樹林文化
城邦文化事業股份有限公司
104台北市民生東路二段141號5樓
電話：(02)2500-7696　傳眞：(02)2500-1951
發　　行／英屬蓋曼群島商家庭傳媒股份有限公司城邦分公司
104台北市中山區民生東路二段141號5樓
客服服務專線：(02)25007718；25001991
24小時傳眞專線：(02)25001990；25001991
服務時間：週一至週五上午09:30～12:00；下午13:30～17:00
劃撥帳號：19863813　戶名：書虫股份有限公司
讀者服務信箱：service@readingclub.com.tw
香港發行所／城邦（香港）出版集團有限公司
香港灣仔駱克道193號東超商業中心1樓
電話：(852)25086231　傳眞：(852)25789337
Email：hkcite@biznetvigator.com
馬新發行所／城邦（馬新）出版集團【Cité (M) Sdn.Bhd. (458372 U)】
41, Jalan Radin Anum, Bandar Baŕu Sri Petaling,
57000 Kuala Lumpur, Malaysia.
電話：(603) 90563833　傳眞：(603) 90576622
Email：services@cite.my

內頁排版／歐陽碧智
封面設計／兩棵酸梅
印　　刷／韋懋實業有限公司

初版一刷／2018年8月
二版二刷／2022年10月
ISBN／978-986-06890-1-3
定價／470元

城邦讀書花園
www.cite.com.tw

國家圖書館出版品預行編目（CIP）資料

一行禪師與孩子一起做的正念練習：灌溉生命的智慧種子 / 一行禪師(Thich Nhat Hanh), 梅村社群(Plum Village Community)著；陳潔華譯. -- 二版.-- 臺北市：橡樹林文化，城邦文化事業股份有限公司出版：英屬蓋曼群島商家庭傳媒股份有限公司城邦分公司發行, 2021.08
面；　公分. --（衆生：JP0146X）
譯自：Planting seeds with songs : practicing mindfulness with children
ISBN 978-986-06890-1-3（平裝附光碟片）

1.佛教修持　2.佛教修持

225.87　　　110012648

廣	告	回	函
北區郵政管理局登記證			
北 台 字 第 10158 號			

郵資已付　免貼郵票

104 台北市中山區民生東路二段 141 號 5 樓

城邦文化事業股分有限公司

橡樹林出版事業部　收

請沿虛線剪下對折裝訂寄回，謝謝！

|橡|樹|林|

書名：一行禪師　與孩子一起做的正念練習：灌溉生命的智慧種子
（隨書附贈練習音樂 CD）
書號：JP0146X

橡樹林文化

讀者回函卡

感謝您對橡樹林出版社之支持，請將您的建議提供給我們參考與改進；請別忘了給我們一些鼓勵，我們會更加努力，出版好書與您結緣。

姓名：＿＿＿＿＿＿＿＿＿＿ □女 □男 生日：西元＿＿＿＿＿＿年

Email：＿＿＿＿＿＿＿＿＿＿＿＿＿＿＿＿＿＿＿＿

●您從何處知道此書？

□書店 □書訊 □書評 □報紙 □廣播 □網路 □廣告 DM □親友介紹

□橡樹林電子報 □其他＿＿＿＿＿＿＿＿

●您以何種方式購買本書？

□誠品書店 □誠品網路書店 □金石堂書店 □金石堂網路書店

□博客來網路書店 □其他＿＿＿＿＿＿＿＿

●您希望我們未來出版哪一種主題的書？（可複選）

□佛法生活應用 □教理 □實修法門介紹 □大師開示 □大師傳記

□佛教圖解百科 □其他＿＿＿＿＿＿＿＿

●您對本書的建議：

＿＿＿＿＿＿＿＿＿＿＿＿＿＿＿＿＿＿＿＿＿＿＿＿

＿＿＿＿＿＿＿＿＿＿＿＿＿＿＿＿＿＿＿＿＿＿＿＿

＿＿＿＿＿＿＿＿＿＿＿＿＿＿＿＿＿＿＿＿＿＿＿＿

＿＿＿＿＿＿＿＿＿＿＿＿＿＿＿＿＿＿＿＿＿＿＿＿

＿＿＿＿＿＿＿＿＿＿＿＿＿＿＿＿＿＿＿＿＿＿＿＿

非常感謝您提供基本資料，基於行銷及客戶管理或其他合於營業登記項目或章程所定業務需要之目的，家庭傳媒集團（即英屬蓋曼群商家庭傳媒股份有限公司城邦分公司、城邦文化事業股分有限公司、書虫股分有限公司、墨刻出版股分有限公司、城邦原創股分有限公司）於本集團之營運期間及地區內，將不定期以 MAIL 訊息發送方式，利用您的個人資料於提供讀者產品相關之消費與活動訊息，如您有依照個資法第三條或其他需服務之業務，得致電本公司客服。

我已經完全瞭解左述內容，並同意本人資料依上述範圍內使用。

＿＿＿＿＿＿＿＿＿＿＿＿＿＿（簽名）